Dirk Küsgen

Gott in der fünften Dimension

Dirk Küsgen

Gott in der fünften Dimension

Himmlische Geistesblitze in 27 elektrisierenden Predigten geerdet

Fromm Verlag

Impressum / Imprint
Bibliografische Information der Deutschen Nationalbibliothek: Die Deutsche Nationalbibliothek verzeichnet diese Publikation in der Deutschen Nationalbibliografie; detaillierte bibliografische Daten sind im Internet über http://dnb.d-nb.de abrufbar.

Bibliographic information published by the Deutsche Nationalbibliothek: The Deutsche Nationalbibliothek lists this publication in the Deutsche Nationalbibliografie; detailed bibliographic data are available in the Internet at http://dnb.d-nb.de.

Coverbild / Cover image: www.ingimage.com

Verlag / Publisher:
Fromm Verlag
ist ein Imprint der / is a trademark of
OmniScriptum GmbH & Co. KG
Bahnhofstraße 28, 66111 Saarbrücken, Deutschland / Germany
Email: info@frommverlag.de

Herstellung: siehe letzte Seite /
Printed at: see last page
ISBN: 978-3-8416-0269-5

Inhaltsverzeichnis

Vorwort

Predigten, egal von wem, fand ich in meiner Jugend so wenig prickelnd, dass ich freiwillig nach der Konfirmation noch sechs Jahre länger Kind bleiben wollte. Getarnt als Kindergottesdienstmitarbeiter erzählte ich die Botschaft lieber selbst, anstatt sie anhören zu müssen. Weil Gott Humor hat, endete dies allerdings so, dass ich bei den inhaltlichen Vorbereitungen der Kindergottesdienste solange mehr und mehr Interesse an grundlegenden biblischen Texten entwickelte, bis ich begann, Theologie zu studieren. Schließlich musste ich irgendwann predigen, ohne mich selbst zu langweilen. Die Predigt hat wohl die Aufgabe, Bibeltexte von fundamentalem Wert für den Glauben so auszulegen, dass sie den Hörer in heutiger Zeit etwas im wirklichen Leben angehen und ihm verständlich werden. Die Kunst besteht darin, 2000 Jahre alte Inhalte aktuell, und komplizierte Sachverhalte einfach wiederzugeben. Wegweisend für mich war zunächst kein Theologe, sondern mein Chemie-Leistungskurslehrer Norbert Wallhorn in der Schule. Nach einer schlecht ausgefallenen Klassenarbeit übte er nicht Kritik an den Schülern, sondern wurde selbstkritisch: „Was ich einem 6-jährigen Kind nicht vermitteln kann, habe ich selbst nicht verstanden. Meist liegt die Ursache darin, dass ich die Grundlagen viel zu selbstverständlich angenommen habe, ohne über sie nachzudenken." Wohl wahr, gerade das macht Kinderfragen so „gefährlich" und spannend. An dieser Stelle folgte ich dann später meinem leider schon verstorbenen Ausbilder im Gemeindevikariat, Johannes Fronemann, der in einem Taufgespräch den Eltern und Großeltern erklärte: „Sie müssen nicht alles wissen, wenn Sie das Kind fragt. Es ist besser, Gott wird für das Kind zur spannenden Frage als zur langweiligen Antwort." Es geht in meinem Buch um fundamentale Inhalte, zum Beispiel die wichtigsten Feste des Kirchenjahres, Vergebung und Auferstehung, die Gebote, Nächstenliebe. Hier ergeben sich zwei Gefahren.

Die eine ist, hier mit Bekanntem, Allzu-Bekanntem zu langweilen, ohne dass ein Erkenntnisfortschritt erzielt wird. Die andere Gefahr besteht darin, bei Allzu - Vertrautem dermaßen in eine kirchlich - kanaanäische Sprache, ein griechisch-römisches Uni-Esperanto oder in anekdötchenhafte Allerweltsweisheiten zu verfallen, dass Außenstehenden, denen die Botschaft gilt, Hören und Sehen vergeht. Nicht umsonst hat Jesus gerade bei fundamentalen und scheinbar selbstverständlichen Inhalten schon vor 2000 Jahren Gleichnisse verwandt. Diese sind in einer einfachen bildhaften Sprache gehalten. Aber ihre Pointe ist meist so, dass sie das allzu Selbstverständliche hinterfragen und sogar auf den Kopf stellen. Jesus bediente sich einer Methode, der man erst im 20. Jahrhundert einen Namen gab: Der Verfremdung. Hans-Dieter Bastian (Verfremdung und Verkündigung)[1] hat meiner Meinung nach nur theoretisch reflektiert, was Jesus, intuitiv richtig und mit Vollmacht inspiriert, längst praktisch angewandt hat. Dabei griff Bastian auf Ansätze Bertolt Brechts aus der Welt des Theaters zurück. Wer die Verfremdung wählt, muss noch eine dritte und letzte Klippe umschiffen. Gerade weil wir in der bunten Medienwelt die Menschen nicht mehr als Kirche des Wortes zutexten können, dürfen die Bilder nicht eine derartige Eigendynamik entwickeln, dass die Inhalte hinter ihnen verblassen. Weil Effekthascherei ihm fremd war, hatte Jesus Schauwunder abgelehnt. Die Gleichnisse Jesus waren für ihn nur Mittel, um über das Reich Gottes zu reden, und nicht Selbstzweck.

Der Titel des Buches sollte ursprünglich die Verfremdung eines Jesuswortes (Matthäus 9,17) sein und lauten: „Alter Wein in neuen Schläuchen". Man soll den Wein schmecken und nicht den billigen Tetrapack. Es geht um die Majestät Gott, die Vollmacht Jesu und das Wirken des Heiligen Geistes und nicht um die Sprachgewalt des Predigers im Sinne eines „Gut gebrüllt, Löwe".[2] Aber dieser Titel war schon belegt. Also wählte ich die Überschrift einer einzelnen Predigt als Titel. Vielleicht war es auch notwendig, Ihnen, liebe Leser, durch einen ausdrucksstärkeren Titel gleich beim Kauf anzuzeigen, wo es hier langgeht.

Zuletzt sei ergänzt, dass das Schachspiel ein ideales Predigttraining sein kann. Man lernt, in einem sehr komplexen Zusammenhang sofort auf das Wesentliche zu achten, dort in die Tiefe zu gehen, und seine Gedanken zeitlich zu beschränken. Man erkennt Strukturen und Analogien zu bereits Dagewesenem. Die Bilder arbeiten im eigenen Kopf, aber man muss sich auch in sein Gegenüber eindenken. Man braucht sowohl gedankliche Klarheit als auch Geistesblitze.

Die letzte Motivation, meine Predigten in einem Buch zu veröffentlichen, erhielt ich durch die Nachfragen vieler Gemeindeglieder, die die Texte noch einmal schriftlich haben wollten.

Viel Freude beim Lesen!

Gevelsberg, im Februar 2012 Dirk Küsgen

Anmerkungen:

1) Bastian, H.D. Verfremdung und Verkündigung, Theologische Existenz heute 127, München (Kaiser), 1967.

2) Titel eines Kinderbuches, das von der von mir geliebten Augsburger Puppenkiste inszeniert worden ist. Kruse, Max; Gut gebrüllt, Löwe; Stuttgart (Max Thienemann-Verlag), 1996.

„Hilfe, es weihnachtet sehr!"
Predigt über Lukas 2,1-14
Am 1. Advent 2011

Liebe Gemeinde,

im Konfirmandenunterricht ist es üblich, dass man kurz vor Weihnachten eine Weihnachtsgeschichte liest, die mit einigen Fehlern behaftet ist. Die Schüler sollen dann herausfinden, was nicht zum ursprünglichen Text gehört. Ich trage Ihnen jetzt die Weihnachtsgeschichte mit leichten Fehlern vor, und sie passen auf, was ich alles falsch gemacht habe.

„Es begab sich aber zu der Zeit, als das Geld die Welt regierte, dass alle Welt sich hetzen ließ. Und diese Hetzung war das Allerletzte und sie geschah zu der Zeit, als Commerzius eine Landplage war, und das nicht nur in Syrien. Und jedermann ging, dass er sich hetzen ließe in die Einkaufsstraßen seiner eigenen Stadt. Da machte sich auch Josef aus der Stadt Bankfurt am Main auf, weil er aus dem Versandhaus stammte, dass er sich hetzen ließe mit seinem kaufwütigen Weib, und sie hatte einen dicken Bauch. Und als sie dort ankamen, kam die Zeit, dass ihr Ofen eine fette Weihnachtsgans gebären sollte. Dazu nahm sie Serviettenknödel und wickelte sie in Windeln und legte sie auf den Teller. Denn sie hatte sonst keinen Platz mehr in ihrem Magen.
Und es waren die Verirrten in der Gegend mit dem Gelde, die nicht wussten, was sie schenken sollten. Und sie wüteten des Nachts in großen Herden, denn es war gerade Mondscheinbummel. Da wurde es am Himmel hell, denn die Klarheit der AVU umleuchtete sie; und die Engel unter dem Himmel fürchteten sich sehr. Und die Fernsehreklame sprach zu ihnen: Fürchtet euch nicht! Siehe, ich verkündige euch eine große Freude, die allem Volk widerfahren wir: Denn euch ist heute die Einsicht geboren.
„Geiz ist geil".[1)] Geht nach Hause, kauft nichts. Tragt euer Geld zur Bank, und das habt zum Zeichen: Ihr werdet finden den Euro in Rollen gewickelt und in einem Tresor liegen. Und alsbald war da bei dem Engel die Menge der himmlischen Heerscharen, die lobten Gott und sprachen: Ehre sei Gott in der Höhe und Friede auf Erden, den Menschen ein Wohlgefallen."

STOP! HALT! Sie haben es erkannt, da war der Fehler. Der Anfang war echt, aber die letzten beiden Zeilen passen nicht mehr zur Weihnachtsgeschichtsgeschichte. Was haben denn die Engel im Himmel und Gott mit unseren Weihnachtsfeiern zu tun? Wie kann man von einem

Wohlgefallen den Menschen reden, wenn alles hetzt und stöhnt und klagt über Weihnachten? Der Friede der Welt lässt sich doch nicht vermarkten - im Gegensatz zu Spielzeugpanzern und Waffenexporten.
„Pardon, was hat das alles noch mit Weihnachten zu tun?“ Die Frage der Christen stellt die Realität auf den Kopf: Diese Nörgler und Miesmacher bejammern immer, dass die Feste ihren eigentlichen Sinn verloren haben. Was haben der Einkaufsrausch und die Weihnachtsgans noch mit Weihnachten zu tun? Dabei liegt doch auf der Hand, dass die Wahrheit genau anders herum zu lauten hat. Was haben die Engel und Gott noch mit unserem Weihnachtsfest zu tun? Stören nicht die Feiertage das freie und demokratische Recht eines jeden Bürgers wann es ihm behagt einkaufen zu gehen? Halten nicht diese altmodischen Kirchen und Gebetshäuser die Menschen davon ab, in den Konsumtempel zu gehen? Wäre es im Zeitgeist nicht besser, Gemeindehäuser und Kirchen in Supermärkte zu verwandeln, weil man da wirklich andächtig und demütig werden kann in der Schlange vor der Kasse? Insider wissen, dass in Schwelm jetzt ein Penny-Markt steht, wo mal ein Gemeindehaus war, und dass in Gevelsberg aus der Pauluskirche beinahe ein ALDI geworden wäre. Insider wissen auch, dass schon vor 3000 Jahren im Alten Testament das Goldene Kalb plötzlich zum Ersatz-Gott geworden ist und dass vor 2500 Jahren die Propheten schon zu beklagen hatten, dass die Menschen im Wohlstand mehr hinter ihrem Besitz her waren als hinter dem Glauben an Gott. Die Zeiten ändern sich, die Menschen nicht.
Finden nicht auch heute, in den Einkaufsparadiesen, an verkaufsoffenen Sonntagen die wahren Gottesdienste statt? „Dein Gott ist, woran dein Herz hängt“, so hat es Luther auf den Punkt gebracht. Woran aber hängt unser Herz, wenn nicht an irdischen Gütern und am Geld? Woran unser Herz hängt, das ist unsere Lebensmitte. Und wenn die Lebensmitte das Geldverdienen und Geldausgeben ist und eine Ersatzreligion, dann ist es nur eine absolut logische Folge, wenn nahezu alle Feste nur dann beachtet werden, wenn man ihnen einen kommerziellen Sinn gibt. Bei Weihnachten ist das wegen der Geschenke am stärksten gelungen. Zu Ostern gibt es immerhin noch Hasen und Eier aus Schokolade. Die Bedeutung von Pfingsten kennt kaum einer, weil der Geist gerade nicht materiell ist, und man sich für den Heiligen Geist nichts kaufen kann. Und weil die Menschen bei Reformation höchstens noch an Reformhäuser denken, musste auch diesem Fest ein neuer Sinn gegeben werden. Im Geschichtsunterricht habe ich noch gelernt: Die Reformation war die Wende vom Mittelalter zur Neuzeit. Als ich 1983 noch studierte, wäre Luthers 500. Geburtstag gewesen, wenn er noch gelebt hätte. Selbst die

atheistische DDR, auf deren Gebiet er gewirkt hatte, konnte sich dem nicht entziehen und feierte die Reformation als Schritt zur Demokratisierung. Kurz auf Luther folgte ja der Revolutionär Thomas Müntzer mit den Bauernkriegen. Und dass nun jeder im Volke auf Deutsch die Bibel verstehen konnte, wenn er lesen und schreiben konnte, war ein Schritt zur Volksbildung. Daraus ist in den letzten zehn Jahren die Nacht der leuchtenden Kürbisse geworden. Armes Deutschland!
Weiter im Text: Sind die Katholiken nicht fortschrittlicher als die Protestanten, wenn sie ihre Gottesdienste wenigstens Messen nennen? Da weht doch wenigstens in der Wortwahl ein Hauch von Leipzig und Hannover oder gar von Cebit. Das Wort Gottesdienst ist doch viel zu lang, um werbeträchtig zu sein! Es wäre zu einfach, immer nur mit dem Finger auf die anderen zu zeigen und über den Konsum und die Hektik zu schimpfen, wenn man sich nicht selbstkritisch an die eigene Nase fasst. Ich sehe mich noch vor 15 Jahren mit den Konfirmanden Krippenspiele einüben. Ich wollte den Leuten ja zu Weihnachten etwas bieten und setzte mich und andere unter Stress. Ich wurde nervös, als zwei Wochen vor dem großen Auftritt bei der Probe plötzlich der Hauptdarsteller fehlte. Ein erfahrener Kindergottesdiensthelfer nahm mich zur Seite und sagte: „So geht es nicht. Wenn du soviel Druck machst, dann macht es den Kindern keinen Spaß mehr.“ Und ich habe nie wieder ein Krippenspiel aufgeführt. Das können andere besser. Danke, dass ich lernen durfte!

Den Rest gaben mir die Konfirmanden selbst. Da waren ungefähr 20 Hirten, die nicht wirklich eine Aufgabe hatten. Und die machten das, was Konfirmanden eben so machen, wenn sie nichts zu tun haben: Mist! Schließlich war da noch die Szene mit dem Wirt. Ich hatte in der Sakristeitür einen Konfirmanden als bösen Wirt versteckt, der Maria und Josef nicht hereinlassen sollte. Er schlug den beiden mit einer derartigen Wucht die Tür vor der Nase zu, dass der Putz in der Pauluskirche rieselte. Wir inszenieren Weihnachten auf 13 Feiern und mit 48 Darstellern, statt Jesus auf uns zukommen zu lassen und eine besinnliche Zeit zu haben. Da hetzen wir uns in den Gemeinden durch bis zu einem Dutzend Weihnachtsfeiern pro Person, feiern Weihnachten am Heiligabend einen Tag zu früh, und wenn die eigentlichen Feiertage kommen, an denen man sich im Gottesdienst Kraft holen könnte, geht die Puste aus. Richtig wäre: Sich erst Kraft zu holen und danach zu feiern und für andere da zu sein. Gesellen sich zu denen, die über die viele Arbeit vor Weihnachten stöhnen und hoffen, dass man an den Feiertagen endlich ausruhen kann, nun auch die Kirchendiener? Zu dem überlasteten Verkäufer und den Backzwang-Jüngern, die allesamt nur hoffen, dass es ein Ende hat, kommt nun auch eine Gemeinde, der es mit den Weihnachtsfeiern so sehr zuviel wird, dass sie an den sogenannten kleinen Feiertagen nicht mehr in die Gottesdienste kommt. Aber auch ich habe mich vor Jahren einmal dabei erwischt, dass ich, zumindest am Sonntag nach Weihnachten, wenn ich nicht predigen musste, erschöpft im Bett liegen geblieben bin, statt zum Gottesdienst des Kollegen zu gehen. Da war doch etwas faul! Ich war der Weihnachtsmacher oder wollte es sein und nahm vor Müdigkeit am 28. Dezember das Angebot, mich vom Wort Gottes beschenken zu lassen, nicht mehr wahr. Heute sage ich nur: Das konnte es nicht sein. Wo sollte ich mir denn sonst die Kraft holen, wenn nicht in der Andacht und im Wort Gottes, das mir ein anderer zuspricht, weil ich es mir selbst nicht zusprechen kann? Ich google ja etwas zuviel im Internet. Da fand ich unter „Pfarrer“ und „Burnout“, dass sich ein Kollege erst einmal nach Münsterschwarzach zurückgezogen hatte, um wieder zu Kräften zu kommen. Das ist jenes Benediktinerkloster, indem auch Anselm Grün wirkt. Er wurde nach Wochen gefragt, was sich denn in seinem Leben nun geändert habe seit seinem Zusammenbruch und er antwortete: Früher habe ich morgens als Erstes meine E-Mails und meinen Terminkalender gelesen, heute beginne er mit den Losungen. Ich fühlte mich beim Lesen ertappt. Sich von Gott Kraft schenken lassen, statt sich ständig zu verausgaben, ist das Geheimnis. Weil wir uns in den Gemeinden jahrelang genauso als Weihnachts- und Stimmungsmacher aufgerieben haben wie die Menschen in den Kaufhäusern, haben wir überhaupt keinen Grund, auf die anderen herabzusehen, für die Weihnachten eher ein Alptraum als eine Freude ist. Ein ehemaliger Gevelsberger Kirchenmitarbeiter sagte immer: „Der Stress für Jesus ist der schönste Stress“. „Hosianna“ kann ich da nur sagen, und das ist kein Ruf der Freude, sondern „Hosianna“ heißt „Hilf doch!“.

Herr hilf, dass wir mit unserem Gestöhne nicht anderen die Weihnachtsfreude verderben. Wie lautete das alte Paul Gerhardt-Lied: „Fröhlich soll mein Herze springen“ und der Top - Hit zu Weihnachten ist in der Kirche immer noch „O du fröhliche, o du selige, gnadenbringende Weihnachtszeit“.

Doch auch mit diesem Lied verbinde ich eine besondere Erinnerung. Vor etwa 25 Jahren in Gelsenkirchen keiften sich zwei überforderte Frauenhilfsfrauen in der Küche nach der dritten Weihnachtsfeier an. Ich sang dem Küster leise ins Ohr: „O du fröhliche, o du selige gnadenbringende Weihnachtszeit!“, woraufhin er mir auf die Schulter klopfte und sagte: „Dirk, das kannst du laut sagen!“

Jetzt mal im Ernst: Wenn diese Schilderungen nicht nur Übertreibungen sind, wenn auch nur ansatzweise etwas an ihnen richtig ist - Wie kommen wir aus dieser Zustandsbeschreibung wieder heraus? Wie gesunden wir zu Weihnachten? Besinnen wir uns doch auf die wirkliche biblische Geschichte und nicht auf meine Karikatur zum Eingang der Predigt. Wir sind als Kirche die Weihnachtsmacher. Die Weihnachtsprofis kommen in vier Wochen auf eine Zahl von Weihnachtsfeiern, die sich nicht mehr mit den Fingern beider Hände zählen lassen und haben Ermüdungserscheinungen, wenn es darum geht, an den wirklichen Feiertagen noch Gottesdienste zu feiern. Zurück zur biblischen Geschichte! Wir planen Weihnachten bis zur Perfektion und machen uns damit selbst viel Stress. Doch in der Original - Weihnachtsgeschichte der Bibel war so gut wie nichts geplant und alles improvisiert. Maria und Josef hatten das Kind nicht geplant, nur Gott hatte es geplant. Die Reise nach Bethlehem kam zur Unzeit, kurz vor der Niederkunft. Die Unterkunft im Stall war improvisiert. Das Wochenbett war improvisiert, ein Futtertrog für Tiere. Es gab keinen Glühwein- und Tannenduft, sondern höchstens einen leicht strengen animalischen Geruch im Stall. Die Hirten auf dem Felde wurden bei der Nachtarbeit gestört. Nichts war von Menschen geplant. Alles war improvisiert. Es gab nur einen Planer und einen Weihnachtsmacher - und das war Gott. Gott selbst war und ist der Regisseur dieser rätselhaften Geschichte. Und wer als Mensch Weihnachten „machen" oder inszenieren will, der spielt Gott. Wer aber Gott spielt, sollte sich bei dieser harten Konkurrenz nicht unbedingt wundern, wenn er sich dabei selbst überfordert.

Was ist Weihnachten aber dann wirklich, damit Gott handeln kann, und wir zur Ruhe kommen? Mir sind drei Vergleiche eingefallen.

Der erste ist mir erst gerade eingefallen. Ich habe dies nirgendwo gelesen. Aber ich denke mir, so wie ich es mir gerade vorgestellt habe, wird es gewesen sein. Ihr kennt alle die letzte Strophe von Dietrich Bonhoeffers Lied: „Von guten Mächten". Ich zitiere sie: „Wenn sich die Stille nun tief um uns breitet, dann lass uns hören jenen vollen Klang der Welt, die unsichtbar sich um uns breitet - all deiner Kinder hohen Lobgesang".[2)] Da sitzt Bonhoeffer, nachdem der Anschlag auf Hitler aufgeflogen ist, zu Sylvester allein in einer Gefängniszelle und schreibt das Gedicht „Von guten Mächten". Er wartet auf seine Verurteilung zum Tode. Eine unheimliche Totenstille, die Angst machen und zermürben soll, breitet sich aus. Und dann, so stell ich es mir vor, besinnt er sich, dass Sylvester wenige Tage nach Weihnachten liegt, und plötzlich wird diese Stille gefüllt. Bonhoeffer hört in seiner Gefängniszelle einen vollen Klang. Es ist

der Gesang der Engel aus der Weihnachtsgeschichte, die singen: „Ehre sei Gott in der Höhe und Friede auf Erden den Menschen seines Wohlgefallens". Nur so kann man sich selbst in einer ausweglosen Situation von guten Mächten geborgen fühlen.
Ein zweites fiel mir ein: Ein besonders schöner Gedanke aus einem Buch meines zweitliebsten Theologen nach Bonhoeffer: Klaus Berger. In den großen Ereignisse der Weltgeschichte, Weihnachten und Ostern, so schreibt er, kommt Gott den Menschen am Nächsten, aber er handelt ganz intim. Die Auferstehung hat überhaupt niemand gesehen. Sie fand im geschlossenen Grab statt. Bei der Geburt waren nur Maria und Josef dabei. Gott meidet den Rummel, handelt im Verborgenen, handelt intim, im Stillen.[3)]
Ein drittes Bild, wie Weihnachten sein kann: Ich war kürzlich am Toten Meer. Dort gab es folgende Besonderheit: Bekanntermaßen hat man im Salzwasser soviel Auftrieb, dass man nicht untergehen kann. Die Beine landen immer oben. Man kann sich entspannt auf den Rücken legen und gar nichts tun. Nur vor einem hatte der Reiseleiter gewarnt. Wer selbstständig anfängt zu schwimmen und zu strampeln, der kann das Gleichgewicht verlieren. Wer sich abstrampelt, dem kann es passieren, dass er mit dem Gesicht unter Wasser kommt, und die Salzbrühe in die Augen bekommt. Das kann schmerzhaft sein.
Auf Weihnachten übertragen heißt das: Man muss sich von Gott tragen lassen, ihn handeln lassen. Wer sich abstrampelt, der kann untergehen. Weihnachten ist das Gegenteil von dem, was wir feiern. Aber es ist ein Geschenk Gottes an uns, damit wir zur Ruhe kommen. Amen.

Anmerkungen:

1) Slogan einer hinlänglich bekannten Reklame von Saturn.

2) Bonhoeffer, D. (hrsg. von E. Bethge), Widerstand und Ergebung, München (Kaiser Taschenbücher) 1990 [14], 219.

3) Vgl. Berger, K., Jesus, München (Pattloch 2007), 63f.

„ISDS - Warum Maria beim Casting zur Mutter des Messias durchgefallen ist.“
Predigt über Lukas 1,26-38 am Vierten Advent 2010

Liebe Gemeinde,

es ist ihnen zwar möglicherweise peinlich, aber sie dürfen es gerne zugeben. Sie kennen DSDS und haben mindestens schon einmal da hineingeschaut. Vielleicht haben sie keine ganze Sendung durchgehalten, aber sie kennen DSDS. Richtig: DSDS heißt „Deutschland sucht den Superstar“. Ich stelle mir Israel vor 2000 Jahren vor, auf der Suche nach dem Messias und vor allem nach einer geeigneten Mutter für ihn. Der Superstar, den Israel sucht, ist eine geeignete Mutter für den Sohn Gottes. Wir starten ein Bewerbungs- und Auswahlverfahren, auf Neudeutsch einen Casting-Wettbewerb. Singen müsste sie können, zwar nicht überragend gut, aber mit einer klaren Botschaft. Ja, das konnte sie. Ein Lied von ihr steht in der Bibel: Magnificat. Es ist vorteilhaft, wenn die Sprache international ist, einerseits brauchen wir eine Weltsprache, damit sie jeder versteht und dann doch eine Fremdsprache, damit man den Text doch nicht versteht: „Magnificat anima mea dominum“, singt sie. Das klingt gut, auf Latein, der damaligen Weltsprache. Und das ist beinahe sogar englisch, denn ein Engel könnte es auch gesungen haben. Wir suchen einen Namen für die Mutter Jesu. „Madonna“ wäre kein schlechter Name im Showgeschäft, ein Volltreffer, leider schon belegt.
Und was brauchen wir noch? Jung muss sie sein, sehr jung, eine Jungfrau wäre gut. Ja, bisher wäre Maria von Nazareth noch dabei.
Doch schon gibt es Abzüge: Sie ist in festen Händen. Das senkt die Chancen bei den jugendlichen Anrufern des männlichen Geschlechtes sehr. Und weil es beim Casting nicht nur auf den Gesang ankommt, sondern auch auf die künstlerische Gestaltung, sprich auf das Hüpfen auf der Bühne, wäre eine Schwangerschaft nicht gut für die Choreographie. Aber ihr größtes Manko ist: Sie ist introvertiert. Was will man denn mit einer für einen Start machen, von der es immer heißt: „Sie bewegte alles, was sie gesehen und gehört hatte, in ihrem Herzen.“? Ihre Hüften und ihr Gesäß soll sie bewegen! Das gefällt den Hohenpriestern der Jury gleichermaßen wie den Pharisäern unter den Zuschauern. Maria ist mit ihrer introvertierten Art nicht einmal medien- oder interviewtauglich. Leider, leider, würde Maria doch bei der Vorauswahl für die Mutter aller Mütter durchfallen und nicht unter die letzten Zehn kommen.

Meine Damen und Herren! Sie erlebten gerade nicht „Israel sucht den Superstar“, sondern eine sehr realistische Fantasie davon, was passiert wäre, wenn sich Maria aus Nazareth bei RTL um den Posten der Mutter des Messias beworben hätte. Leider wäre sie durchgefallen.
Welche besonderen Qualitäten hatte sie aber, dass Gott sie auswählte, ausgerechnet sie?! Ob Maria schön war, wissen wir nicht. Dass sie klug war, erfahren wir, zumindest konnte sie zur rechten Zeit schweigen und doch sehr kluge Fragen stellen. Aber reich oder adelig war sie nicht. Eigentlich war nichts Besonderes an ihr, und genau das zeichnete sie aus. Weil sie nichts Besonderes ist, nennt sie der Erzengel „Begnadete“. Weil Gnade kein Verdienst ist, sondern ein Geschenk. Gnade ist kein Talent, um damit anzugeben, sondern um damit zu wuchern für Gott.
Gott startete keinen Castingwettbewerb und schaltete auch keine Stellenanzeige für die Mutter seines Sohnes. Er wählte einfach aus und zwar nach Kriterien, die wir nicht kennen. Einen sehr eigenwilligen Geschmack soll er mitunter haben, Gott-Vater. Er hat einen Geschmack, den Menschen nicht nachvollziehen können. Aber so etwas kommt auch unter Menschen vor. „Muss es ausgerechnet die sein!“, seufzen Mütter beim Anblick der ersten Freundin des Sohnes. Im Alten Testament hat er sich in ein Volk verliebt, das er später als halsstarrig bezeichnen sollte und in eine Geliebte, die ihm oft untreu wurde. Kleiner als andere Völker soll Israel gewesen sein. Unter den besonderen Verheißungsträgern soll auch ein Betrüger gewesen sein, und einer, der im Affekt eine ägyptischen Aufseher erschlagen hat und ein König, der einen Ehebruch beging. Einen Propheten soll er gehabt haben, der von sich selbst schreibt, er sei der Allerverachtetste unter allen Menschen, von unschöner Gestalt und mit Krankheiten geschlagen.
Von all diesen Makeln zumindest ist Maria frei. Sie ist ja noch sehr jung, wahrscheinlich so 12 bis 14 Jahre alt, und unschuldig war sie noch. Aber was war Besonderes an ihr? Vielleicht noch gerade, dass ihr Verlobter wohl noch einige Tropfen adeliges Blut in sich hatte - nach über 30 Generationen war das eher eine homöopathische Menge blauen Blutes in den Adern. Aber die Herrschaft seines Königshauses war ja nun auch schon fünfhundert Jahre her. Nein, um es auf den Punkt zu bringen: Das einzig Besondere an Maria war auch nichts Besonderes mehr! Und genau darin besteht das Wunder, das Maria so besingen sollte: Er hat die Niedrigkeit seiner Magd angesehen. Maria war so normal, dass sie mein Vater auch als Lehrling in der Apotheke wie viele andere hätte einstellen können, aber eben nicht als Königsmutter, schon gar nicht als Mutter des Gottessohnes. Und genau, weil bei ihr alles so normal ist, nicht mehr und nicht weniger,

begrüßt sie der Engel Gottes im Vorstellungsgespräch als Begnadete. Denn Gnade beruht nicht auf eigenen, nicht auf menschlichen Voraussetzungen, sondern auf Göttlichen. Lauschen wir nun einmal in das Gespräch zwischen Gabriel, und der Jungfrau Maria.

Und im sechsten Monat wurde der Engel Gabriel von Gott gesandt in eine Stadt in Galiläa, die heißt Nazareth, zu einer Jungfrau, die vertraut war einem Mann mit Namen Josef vom Hause David; und die Jungfrau hieß Maria. Und der Engel kam zu ihr hinein und sprach: Sei gegrüßt, du Begnadete! Der Herr ist mit dir! Sie aber erschrak über die Rede und dachte: Welch ein Gruß ist das?

Maria erschrickt, nicht weil ein Engel sie besucht, was selten genug vorkommen soll, sondern wegen der Worte, die er spricht. Was es heißen kann, wenn sie „Begnadete" hört, darüber sprachen wir ja schon. Unheimlicher aber noch ist dieses „Gott ist mit dir". Das ist nicht einfach „Grüß Gott" oder „Salemaleicum", was auch nur auf Deutsch heiße: „Friede sei mit dir". Das ist auch nicht der Schlachtruf „Gott mit uns!", mit dem man Soldaten in den Krieg schickte.
„Gott ist mit dir". Das klingt verheißungsvoll, ist aber auch so bedeutungsvoll, dass man schon davor erschrecken kann. „Ich werde mit dir sein" hat Gott oft dann gesagt, wenn er etwas Außergewöhnliches, meist etwas außergewöhnlich Schweres mit einem Menschen vor hatte. „Ich werde mit dir sein", war die einzige Zusage, die Gott dem Mose gab, als er sich ihm offenbarte mit dem Auftrag als kleiner Sklave zum großen Pharao zu gehen und um Freiheiten für sein Volk zu bitten. Dem jüdischen Humor entspricht es, dass Vater Abraham angesichts der leidvollen Geschichte als Stammvater Israels einmal gesagt haben soll: Kannst du dir beim nächsten Male nicht ein anderes Volk aussuchen?
„Gott ist mit dir" beinhaltet die besondere Würde, aber auch die besondere Bürde, die es bedeuten kann, von Gott auserwählt zu sein. Selten hatten die Träger dieser Verheißung ein leichtes Los. Ich weiß nicht, was Maria schwante, aber dass hier etwas ganz Besonderes im Busche war, ahnte sie. Übrigens bedeutet auch der prophetische Name für den Messias, „Immanuel" - „Gott ist mit uns". Bei Jesaja stand „Siehe, eine Jungfrau wird schwanger und wird einen Sohn gebären, den wird sie nennen Immanuel". Eigentlich ist also schon angedeutet, wo der Karren lang fahren wird. Ob Maria gar nichts oder schon alles versteht, bevor der Engel zum Ende kommt, wissen wir nicht. Wahrscheinlich hat sie mehr instinktiv richtig gespürt als schon gewusst - jedenfalls erschrickt sie. Sie hat ein

Gefühl, einen sicheren Sinn für das Außergewöhnliche, sonst würde sie nicht erschrecken.
Maria stellt nicht den Typ der dummen Gläubigen dar, nach dem Motto „Glauben heißt nicht wissen". Dieser Spruch ist selten dumm, denn sie will es schon genauer wissen. Hier fragt sie noch leise, indem sie nur mitdenkt, aber nachdem der Engel fortfährt mit seinen Erklärungen wird sie laut fragen. Ich lese weiter:

Und der Engel sprach zu ihr: Fürchte dich nicht, Maria, du hast Gnade bei Gott gefunden. Siehe, du wirst schwanger werden und einen Sohn gebären, und du sollst ihm den Namen Jesus geben. Der wird groß sein und Sohn des Höchsten genannt werden; und Gott der Herr wird ihm den Thron seines Vaters David geben, und er wird König sein über das Haus Jakob in Ewigkeit, und sein Reich wird kein Ende haben. Da sprach Maria zu dem Engel: Wie soll das zugehen, da ich doch von keinem Mann weiß?

In unserem Text steht nirgends, dass Glaube und Verstand sich ausschließen, geschweige denn, dass man im Glauben keine Fragen haben darf und alles fressen muss. Maria hat in ihrem Erschrecken und ihrem Fragen durchaus etwas Kritisches. Ihr Gefühl, dass hier etwas ganz Besonderes geschieht, eilt sozusagen im Tempo dem Verstand voraus. Und nun fragt sie, um zu verstehen. Allein darin schon kann sie uns ein Vorbild im Glauben sein. Sie schaltet mit ihrem Verstand nicht alles Gefühlte ab und erklärt nicht für irrational, was sie erlebt. Aber genauso wie sie ihre Gefühle nicht vom Verstand abschalten lässt, schaltet sie den Verstand nicht durch das Gefühl ab. Beides gehört im Glauben zusammen, und sie erhält eine Antwort auf ihre Frage.
„Du wirst schwanger werden und einen Sohn gebären" - und nicht irgendeinen wird sie zur Welt bringen, sondern die Beschreibung passt auf den erwarteten Messias. Man könnte es also sogar Nachlesen, mit Wissen überprüfen, was hier Unfassbares geschieht. Maria bleibt kritisch - rational eingestellt. So wie sie könnte der moderne Mensch auch fragen: „Ja wie, schwanger? Wie das denn, das geht doch gar nicht, ohne Mann?" Maria fragt und sie will es wissen. Wir hören die Antwort des Engels:

Der Engel antwortete und sprach zu ihr: Der Heilige Geist wird über dich kommen, und die Kraft des Höchsten wird dich überschatten; darum wird auch das Heilige, das geboren wird, Gottes Sohn genannt werden. Und siehe, Elisabeth, deine Verwandte, ist auch schwanger mit einem Sohn, in

ihrem Alter, und ist jetzt im sechsten Monat, von der man sagt, dass sie unfruchtbar sei. Denn bei Gott ist kein Ding unmöglich.
Maria aber sprach: Siehe, ich bin des Herrn Magd; mir geschehe, wie du gesagt hast. Und der Engel schied von ihr.

Der Engel antwortet pädagogisch. Er sagt nicht: „Das musst du eben glauben, Friss oder stirb!' nur weil ich das sage, du kleines Licht, du Göre mit deinen 12 oder 13 Jahren." Nein, das sagt er nicht! Er nimmt sie für voll. Und er bringt ein Anschauungsbeispiel aus ihrer Erfahrungswelt, das Maria verstehen kann. Deine Verwandte, Elisabeth ist ja auch noch schwanger geworden. Das konnte ja auch keiner glauben, weil sie schon so alt war. Und wenn Gott, wie du weißt, an ihr ein Wunder vollbracht hat, wieso kann er nicht an dir ein ähnliches, aber noch viel größeres Wunder vollbringen? Bei Gott ist möglich, was bei Menschen unmöglich ist. Der Engel sagt nicht einfach, du musst alles glauben, was du nicht verstehst, sondern er baut ihr eine Brücke. Schau auf das kleinere Wunder bei Elisabeth und dann glaub an das größere Wunder in dir! Und auch das Wunder, das du austrägst, deinen Sohn nämlich, ist vorbereitet. Es sind uralte Verheißungen, die das Volk Israel kennt, die Gott hier an dir einlöst. Dein Sohn ist der Retter, der Messias.
Maria wird sich sehr wohl ausmalen können, dass diese Jungfrauengeburt wenig Begeisterung auslösen wird und ihr Leben nicht leichter macht. Was immer bei Jesaja über eine Jungfrauengeburt stehen mag - für eine einfache Frau war es eine Schande, schon vor der Ehe ein Kind zu erwarten.
Und es sollte so weitergehen. Pubertierende Jugendliche sind manchmal anstrengend und hauen auch schon einmal von zuhause ab. Noch anstrengender können pubertierende Wunderkinder sein. Man liest, dass der zwölfjährige Jesus bei einer Wallfahrt in Jerusalem einfach stiften gegangen sei, weil er sich einen anderen Vater aussuchen wollte.
Und als er dann 30 war, war es höchste Zeit, etwas Sinnvolles mit dem Leben anzufangen und Geld zu verdienen, doch Jesus denkt nicht daran. Wahrscheinlich war Josef schon gestorben, denn in dieser Geschichte taucht er nicht mehr auf. Aber Jesus musste doch als ältester Sohn seine Mutter und seine Geschwister ernähren. Doch statt den väterlichen Zimmermannsbetrieb zu übernehmen, zieht er wie ein Wandergesell über das Land, aber nicht als Tischler, sondern um den Leuten von Gott zu erzählen. Wahrscheinlich hätten Sie als Mutter wie Maria reagiert und ihn gefragt, ob er noch ganz klar im Kopf sei. „Er ist von Sinnen", soll sie gesagt haben. Danach wird ihr das Schlimmste passieren, was eine Mutter erleben kann: Ihr Sohn stirbt vor ihr. Doch umgekehrt hatte sie als

Auserwählte nicht nur eine besondere Bürde zu tragen, sondern auch eine einzigartige Würde. Die durfte sie auch erfahren. Sie durfte den Messias austragen, auf den Israel 600 Jahre lang gewartet hatte. Nur zur Veranschaulichung: Das ist noch zehnmal länger als Schalke nicht mehr Meister war. Die Propheten des Alten und die Apostel des Neuen Testament hatten den Geist Gottes nur über sich, er kam über sie: Maria aber hatte ihn in sich. Außer Jesus sollte kein Mensch jemals Gott so nahe kommen. Maria wird das nicht alles im Einzelnen vorher gewusst haben. Aber dass etwas ganz Besonderes Gutes und Schweres in der Luft lag, das spürte sie und erschrak. Wir haben von der besonderen Bürde und Würde der Auserwählten gehört.

Und dann spricht sie diesen denkwürdigen Satz: „Siehe, ich bin des Herrn Magd". Eine Magd ist eine Dienerin, keine Herrin. Sie verwirklicht sich nicht selbst, sondern sie lässt den Willen Gottes an sich geschehen. Vermutlich blieb ihr auch nichts anderes übrig. Gott macht mit uns sowieso was er will, wenn er etwas mit uns vorhat. Aber Weisheit ist, sich nicht dagegen aufzulehnen. Unsere Bestimmung vor Gott können wir nicht ändern, unserem Schicksal und unserer Berufung können wir nicht entfliehen. Aber wie wir uns dazu verhalten, ist entscheidend. Rebellieren wir gegen unsere Bestimmung oder akzeptieren wir sie? Wie oft hadern wir mit unserer Bestimmung, oder und machen uns unser Leben selbst schwer? Und wir können es nicht ändern. Maria hingegen gelangt von anfänglichem Erschrecken dazu, jetzt einen Lobgesang anzustimmen. Das Magnificat folgt unmittelbar auf unseren Text. Nachdem sie durch die Erklärung des Engels so halbwegs verstanden hat, willigt sie in ihre Bestimmung ein. Maria will sich nicht selbst verwirklichen, wie es modern ist, sie erfüllt den Willen Gottes: „Siehe, ich bin des Herrn Magd".

Aber genau darin zeigt sie Größe. Sie weiß sich jetzt von dem „Gott ist mit dir" getragen, auch in allen Schwierigkeiten des Lebens. Maria ist eben doch etwas Besonderes. Aber das Besondere ist nicht sie selbst, sondern das, was Gott aus ihr macht, und dass sie es mit sich machen lässt. Und genau darin, das dürfen wir auch als Evangelische sagen, ist sie eine wahrhaft Große und uns ein Vorbild im Glauben. Amen.

„Mit vier Ohren hört man besser - der liebende Gott in Quadro"
Predigt über 1. Johannesbrief 3,1-6
Erster Weihnachtstag 2011

Liebe Gemeinde,

wir haben uns daran gewöhnt zu sagen „Alle Menschen sind Gottes Kinder", wir sind „Kinder Gottes" und so weiter. Nun mag man sagen, dass seit Weihnachten klar sein sollte: Wenn Jesus als Mensch Gottes Sohn ist, und wir seine Geschwister sind, dann sind wir alle letztlich Kinder Gottes. Das ist für uns nichts Besonderes mehr. Doch die Aussagen des Predigttextes sind für damalige Hörer revolutionär. Allein die Aussage, dass Gott einen Sohn hat, ist im Islam und im Judentum schon undenkbar. Niemand ist Gott gleich. Es gibt nur einen allmächtigen Gott. „Du sollst keine anderen Götter haben neben mir."
Und so zieht Gott auch im Paradies eine Grenze. Niemand soll Gott zu nahe kommen, zumindest nicht seiner Allwissenheit. Deshalb war es verboten, vom Baum der Erkenntnis zu naschen. Wer immer ihm auch physisch zu nahe kommt, sei es, durch einen Turm, der bis in den Himmel ragt, oder dadurch dass er Gott ins Auge schaut, erleidet ein Fiasko und muss sterben. Die Aussage, dass wir „Kinder Gottes" sind, letztlich weil wir Jesu Geschwister sind, ist somit eine Ungeheuerlichkeit! Kinder haben ein Tischrecht am Tisch des Herrn und Vaters, Sklaven und Tagelöhner nicht. Kinder haben ein Erbrecht. Kinder sind nicht Knechte und Sklaven, sondern Freie, wenngleich sie dem Vater gehorsam sein müssen.
Ungeheuerlich sind die Aussagen, dass wir einst Gott gleich sein werden. Vollkommen sollen wir sein, vollkommener als die Pharisäer, höre ich Jesus in der Bergpredigt sagen. Ungeheuerlich ist, dass wir ihn überhaupt sehen dürfen, ohne vor seinen Augen zu zerschmelzen wie Wachs in der Sonne. Wer so einen nahen Zutritt bei Gott hat, der muss, so die Vorstellung, sich vorher reinigen. Und einmal gereinigt soll er nicht wieder sündigen. Der Mensch im Paradies versteckt sich vor Gott, weil er nackt ist. Der neue Mensch des neuen Testaments hat ein weißes Taufkleid an. Allein die Vorstellung, beim Abendmahl mit dem unsichtbaren Jesus an einem Tisch zu sitzen, ist schon ungeheuerlich.
Wie soll es erst werden, wenn wir im Himmel am Tisch des Herrn sitzen und ihn sehen können! Unglaublich! Es ist klar, dass die Welt das noch nicht sehen kann und nicht versteht. Wir verstehen es ja selbst nicht, haben aber staunend vor Gott Anteil an seiner Nähe und Gegenwart.

Das Heilige ist nicht mehr so, dass man sich ihm nicht mehr nahen darf! Man muss nur gereinigt und geheiligt sein, um ihm nahe zu treten. Deswegen verlangt Jesus in der Bergpredigt, dass man sich erst mit dem Bruder versöhnt, bevor man mit ihm zusammen zum Abendmahl geht. Denn wer noch im Streit mit Gott lebt oder dem Bruder, der hat noch kein gereinigtes Herz. Letztlich schafft den Zugang zu Gott nur Jesus.
Weil Gott zu uns auf die Erde gekommen ist, ist er in Jesus uns gleich geworden und nicht wir ihm. Nur weil wir im Himmel Beziehungen haben, kommen wir zu Gott. Dass Gott selbst die Beziehung gestiftet hat, steht auf einem anderen Blatt. Aber die Beziehung zu Gott stiftet unser Fürsprecher vor Gott im Himmel. Wo er im Gericht sitzt, da saß vorher der Satan als Ankläger. Das Buch Hiob kennt diese Spuren noch, dass der Teufel bei Gott im Himmel sitzt und versucht Hiob anzuklagen. Statt des Anklägers, den Gott hinausgeworfen hat, haben wir jetzt eine neue Beziehung zu Gott. Da sitzt Jesus nicht als Ankläger, sondern als Fürsprecher. Und er hat unsere Gerichtskosten und unsere Strafe schon bezahlt. Nur weil er uns für würdig und rein erklärt, mit allen unseren Unvollkommenheiten, haben wir bei Gott Zutritt.
Und der Mensch erhält ein neues, gereinigtes Gewand, um vor Gott zu stehen, in einem verklärten Leibe. Er lebt von der Fürsprache und der Verwandlung in einen neuen Menschen. Und der verklärte Leib der Auferstehung wird das sichtbare körperliche Abbild dessen sein, was wir jetzt schon in unserem Herzen tragen. Wir sind neue Menschen, die befähigt sind, Gott nahezukommen. Dem, der glaubt, ist das im Heiligen Geist jetzt schon klar. Alle anderen werden es erst sehen, wenn es soweit ist. Am Tag des Herrn wird es der Letzte kapieren. Dann wird es offenbar werden!
„Wir sind Kinder Gottes“ - eine zunächst unfassbare Aussage wird Wirklichkeit. Nicht in allem werden wir sein wie Gott, aber seine Unsterblichkeit werden wir anziehen. Wir tun es im Grunde genommen schon jetzt bei der Taufe, wir haben im Grund schon jetzt beim Abendmahl mit ihm Gemeinschaft. Das ist aber nur dem verständlich, der glaubt. Am Ende der Zeit aber werden alle sehen, wer und was wir sind: Kinder Gottes nämlich. Wie lautet es in dem Lied „Morgenglanz der Ewigkeit“? „Gib, dass auch am Jüngsten Tage unser Leib verklärt ersteh.“ Die Art und Weise, wie wir sein werden, ist in Jesus auf Erden schon zweimal offenbar geworden. Einmal sehen ihn die Jünger auf dem Berg der Verklärung als Lichtgestalt. Ein anderes Mal erscheint er als Auferstandener zu Ostern sozusagen im anderen Gewand mit einem verklärten Leib: So dass er durch Türen und Wände gehen kann, so dass er von einigen nicht sofort erkannt

wird. Aber umgekehrt so, dass etwa durch die Nägelmale an den Händen seine leibliche Existenz deutlich wird (vgl. Joh. 20,27f.) und daran überdeutlich wird, wer er ist (Joh. 20,28). Kinder Gottes werden wir sein. Schon das Abendmahl deutet ja an, dass das eine leibliche Komponente haben wird. Wozu sollten wir sonst Essen und Trinken? Wieso sonst spielt der Leib Christi als Leib dabei eine so wichtige Rolle? Kindschaft ist immer auch etwas Leibliches, auch, aber nicht nur, aber auch nicht gar nicht.

Die zweite, nicht minder unglaubliche und problematische Aussage ist: Wer in Jesus bleibt, ist ohne Sünde. Dabei ist keine Mensch ohne Sünde. Der 1. Johannesbrief beginnt selbst so, dass sein Autor schreibt (1,8): „Wenn wir sagen, dass wir ohne Sünde sind, so betrügen wir uns selbst." Handelt es sich um zwei verschiedene Briefe in einem? Früher sagte man bei jedem Widerspruch, da muss einer etwas in den Text eingefügt haben, das kann nicht aus einer Feder stammen. Aber sind wir immer logisch? Zumal wir uns nicht auf einer Sachebene befinden, sondern auf der Beziehungsebene. Glaube ist keine Kopfgeburt, sondern eine Geburt aus Fleisch und Blut. Das lehrt uns Weihnachten.

Unsere Beziehung zu Gott ist eine komplizierte Beziehungskiste. Sind wir in Beziehungen immer ohne Widersprüche? Ohne Gefühle? Bewegen wir uns nicht auf mehreren Ebenen, die mal die eine, mal die andere Aussage zulassen? Sind wir nun ohne Sünde oder nicht? Könnten wir es zumindest sein, wenn wir in Christus blieben, ihm treu blieben? Die Frage ist nicht nur, was da wortgetreu im Text steht, sondern was der Autor jeweils damit sagen wollte.

Am Anfang des Briefes sieht er (1,8): Zu behaupten, wir seien ohne Sünde, hätte letztlich das Leben und Sterben Jesu für uns völlig überflüssig gemacht. Dennoch ist das gerade die heute moderne Auffassung. Ich verstoße doch gegen kein Gesetz und spende mal ein paar Euro, also habe ich ein reines Gewissen und bin ein guter Mensch. Dann allerdings wäre der Kreuzestod Jesu das Überflüssigste von der Welt gewesen. Er hätte eine Menschheit erlöst, die sich selbst hätte erlösen können.

Der Glaube, dass wir als Menschen also der Vergebung bedürfen, ist schon grundlegend. Wie kann Johannes da selbst sagen, wir sind ohne Sünde? Die Erfahrung sagt doch genauso wie die Kirchengeschichte, dass wir selbst wenn wir Christen geworden sind, weiterhin Sünder bleiben. Luther wusste, dass er zu schwach war, um sich einen gnädigen Gott selbst zu verdienen. Luther hatte doch gesagt, der Mensch sei wie ein Reittier, auf das sich das eine Mal Gott, das andere Mal aber der Teufel setze. Was also will Johannes sagen, und was hören wir?

Ein Briefschreiber will ja keine allgemeinen Wahrheiten schreiben, sondern hat eine konkrete Gemeinde mit konkreten Menschen in einer konkreten Situation im Auge. Und was bei dem einen richtig sein kann, ist bei dem anderen genau falsch. Den einen muss ich beruhigen, mache dir keinen Kopf, auch wenn du versagt hast, denn Jesus hat dir deine Schuld schon vergeben. Nimm es nicht so schwer! Dem anderen muss ich sagen: Nimm es nicht so leicht! Auch wenn dir Jesus deine Sünden schon vergeben hat, ist das kein Freibrief, dass du Tun und Lassen kannst, was Du willst. Man sollte dir im Alltag schon anmerken, dass du ein Christ bist und anders lebst als vorher und als andere Menschen! Verschiedenen Hörern muss Verschiedenes gesagt werden. Der Perfektionist braucht eine Entlastung seines Gewissens. Der Phlegmatiker braucht einen Tritt in den Hintern. So gesehen will Johannes sagen: Wenn ihr schon von der Sünde gereinigt seid, dann lebt auch so. Selbst Paulus, bei dem Luther ja das Geschenk der Gnade durch Gott erkannt hat, sagt ja: An ihren Früchten sollt ihr sie erkennen. Gerade weil die Welt Gott nicht sehen kann, sieht sie auf uns. An unserem Tun kann sie am ehesten noch erkennen oder auch nicht, was Gott will. Für uns als Christen ist der neue Mensch, den Gott will, in Jesus Christus zu Weihnachten Fleisch und konkret geworden. Für die, die Jesus aber kaum kennen, wird er aber nicht in Jesus, sondern in unserem Tun und Lassen konkret. Für uns ist Jesus die Offenbarung Gottes und die Vergebung der Sünden. Aber für viele Menschen sind wir die einzige Offenbarung, durch die sie Gott sehen könnten. Allein das sollte uns dazu veranlassen, uns nicht nur lässig zurückzulehnen, weil uns die Schuld ja doch schon vergeben ist, sondern uns vermehrt anzustrengen, um glaubwürdige Botschafter Gottes vor den Menschen zu sein. So kann es sein, dass uns zwar grundsätzlich die Schuld vor Gott vergeben ist, wir den Menschen aber trotzdem etwas schuldig bleiben.

Die Tatsache, dass uns die Schuld vergeben ist, besagt im Übrigen noch lange nicht, dass wir in Zukunft schuldlos bleiben werden.

Warum aber kommt Johannes an zwei Stellen seines Briefs zu so unterschiedlichen Aussagen, die sich scheinbar widersprechen? Ich möchte einen anderen Ansatz probieren, um diesen Widerspruch aufzuklären zwischen der einen Aussage - „Wer sagt, er sei ohne Sünde, der lügt." und andererseits „wer in Christus bleibt, ist ohne Sünde."

In der Seelsorge lernt man, dass jede Aussage, jeder Satz im Dialog, vier Ebenen haben kann. Missverständnisse entstehen, wenn man diese vier Ebenen vertauscht.[1)] Es gibt erstens die Sachebene, zweitens die Beziehungsebene, es gibt drittens eine Ebene der Selbstmitteilung, die wir

bei Gott Offenbarung nennen würden. Und es gibt viertens eine Ebene des Appells, die ein konkretes Handeln hervorrufen will.
Noch einmal: Sachinformation, Beziehung, Offenbarung, Appell.
Warum reagieren wir beleidigt, wenn einer sagt, unser Salat schmeckt nicht, selbst wenn wir den im ALDI gekauft haben?[2)] Weil wir es persönlich nehmen und die Mitteilungsebene (Schmeckt nicht!) mit der Beziehungsebene (Du bist ein schlechter Koch oder blöd.) verwechseln. Nicht immer sind alle vier Ebenen vorhanden, aber man sollte sie kennen. Ich bringe mal ein Beispiel: Da sagt mir eine Frau auf der Ebene der Selbstmitteilung, „Immer muss ich zu Weihnachten den Flur putzen, obwohl wir vier Mietparteien sind." Woraufhin ich ihr auf der Sachebene mitteile, das Jahr habe 52 Wochen, und 52 sei durch vier teilbar. Nun weiß sie, warum sie die A...Karte hat. Genaue Analysen helfen doch das Problem zu beheben, denkt der Mann. Doch die Frau sagt: „Du hast mir nicht zugehört!" Was ein Quatsch! Ich habe zugehört, aber sie ist auf der Beziehungsebene mit mir unzufrieden. Sie fühlt ihr Klagen über die viele Arbeit nicht gehört und sich seelsorgerlich nicht verstanden. Gerne hätte sie für etwas Mitgefühl oder Lob noch vier Jahre länger im Schweiße ihres Angesichts geputzt! Wäre ich ihr Vermieter gewesen, dann beinhaltete der Satz „Immer muss ich den Flur zu Weihnachten putzen!" sogar einen Appell. Die appellative Aussage ist „Herr Vermieter, nun ändern Sie das mal!" Und ich hätte mir ein neues System ausdenken müssen. Noch einfacher: Sie kennen die Sachinformation „Wir haben nichts zu trinken im Haus." Es liegt nun an Ihnen, ob Sie diese als Feststellung annehmen oder den Appell heraus hören, beim nächsten Einkauf einen Kasten Sprudel mitzubringen. Wenn Sie allerdings bewusst permanent auf dem Appell-Ohr taub bleiben, dann könnte es sein, dass auch die Beziehungsebene darunter leidet. Nun übertragen sie dass mal auf unsere Beziehung zu Gott! Auf der Sachebene kann es keine zwei Meinungen geben. Der Mensch ist und bleibt Sünder und braucht Jesus für die Versöhnung mit Gott. Wer das nicht einsieht, macht sich selbst etwas vor. Das entspräche dem ersten Kapitel des Johannesbriefes (1,8). Was will uns Gott aber auf der Selbstmitteilungs- oder Offenbarungsebene sagen? Hier liegt bereits der Hase im Pfeffer. In Jesus offenbart Gott nämlich nicht nur, wie er selbst ist, nämlich ein liebender Vater, der seinen Kindern auch etwas vergibt. Deshalb sind wir seit Jesus vor Gott ohne Sünde. In Jesus offenbart Gott auch, wie wir als Menschen im Idealfall sein sollten, wie der neue Mensch vor Gott aussieht. Der ist in der Tat Gott ähnlich, tut Gutes und hätte im Idealfall keine Sünde. „Im Idealfall" heißt, nicht unter den Bedingungen dieser Welt. Denn wäre er ohne Sünde, dann bisse sich die Katze in den

Schwanz und Jesu Tod wäre nicht mehr nötig gewesen. Aber wir sollen nach seinem Vorbild leben und nicht nur den lieben Gott einen netten Mann sein lassen, der uns alles vergibt. Auf der Offenbarungsebene sind also beide Aussagen nebeneinander: Einmal liebt Gott den Menschen und vergibt ihm. Zum anderen offenbart er in Christus, wie der Mensch sein sollte. Beide Aussagen begleiten übrigens auch Jesu Tod am Kreuz. Zwei Römer sprechen sie aus. Pilatus sagt „Welch ein Mensch!" Der Hauptmann sagt als Chef des Hinrichtungs-Kommandos „Wahrlich, dieser Mensch ist Gottes Sohn gewesen."
Was sagt Gott auf der Beziehungsebene? Im Text steht, wir sind seine Kinder. Er liebt seine Kinder, auch wenn sie Mist machen. Der zentrale Satz, mit dem das Johannesevangelium und die Briefe des Johannes zusammengefasst werden, lautet: „So sehr hat Gott die Welt geliebt, dass er seinen eingebornen Sohn gab, damit alle die an ihn glauben, nicht verloren werden, sondern das ewige Leben haben."
Umgekehrt: Von seinen Kindern erwartet er aber auch, dass sie ihn lieben und nicht als Kinder der Finsternis leben, sondern als Kinder des Lichtes. Beide Botschaften stehen also auf der Beziehungsebene. Eine Beziehung kann einen Stärkeren und einen schwächeren Partner haben, wünschen täte man sich einen auf Augenhöhe, aber unsere Beziehung zu Gott ist asymmetrisch. Aber eine Beziehung, die so asymmetrisch ist, dass immer nur der eine gibt und immer nur der andere nimmt, die ist keine Beziehung mehr. Also gilt beides: Weil Gott uns liebt, hat er uns in Jesus schon die Schuld vergeben, aber er erwartete auch, dass wir aus Liebe zu ihm gut sind. Schließlich die vierte, die Appellebene. Hier würde ich sagen: Wenn ihr schon die Festtagskleider anhabt, die Taufkleider, dann macht euch nicht wieder dreckig. Wenn euch Jesus schon aus der Macht der Sünde befreit hat, dann lebt auch so, als wäret ihr ohne Sünde. Die Botschaft auf der Appell-Ebene ist anders als die auf der Sachebene. Die Sachebene sagt: Ihr könnt nicht ohne Sünde leben, deshalb ist Jesus notwendig für euch gewesen. Die Appell-Ebene sagt: Lebt jetzt schon so, dass euch alle als Kinder des Lichtes und Kinder Gottes erkennen! Tut ihr es nicht, dann wird man die Latte höher legen. Ob ihr wollt oder nicht: Die Menschen werden höhere Ansprüche stellen und euch kritischer beäugen, als Gott es tut. Auf der Sachebene können wir nicht anders als sündigen, und es steckt noch viel alter Adam in uns. Den Fußtritt des Fußballers von Jermaine Jones bei seinem Gegenspieler titelte die Zeitung als Rückfall in die Steinzeit, also als uralten Adam. Auf der Appellebene aber sollten wir so leben, als wenn wir wie ausgewechselt wären und nur noch neue Menschen. Wahrscheinlich sind es diese zwei Seiten einer Medaille, in der Theologie

übrigens Dogmatik und Ethik genannt, die dem Johannesbrief zwei Gesichter geben. Die Dogmatik sagt das sachlich Richtige: Der Mensch ist Sünder und Gerechter zugleich. Die Ethik sagt: Lebt, als ob ihr ohne Sünde leben könntet. Und daraus ergibt sich die Spannung, die wie ein Widerspruch innerhalb dieses einen Johannesbriefes aussieht, man nennt sie auch „Schon jetzt“ und „Noch nicht“. Schon jetzt sind wir in Gottes Augen Kinder des Lichtes, aber noch ist es uns oft selbst nicht klar - sollte es aber, damit es anderen klarer werden könnte. Klar für alle wird es erst, wenn alles offenbar wird, und wenn es vor lauter Licht keine Dunkelheit mehr gibt. Amen.

Anmerkungen:

1) Der Gedankenansatz der „vier Ohren“ geht auf Friedemann Schulz-von-Thun zurück. Informationen im Internet unter www.vier-ohren-modell.de. Aus formalrechtlichen Gründen übernehme ich keine Verantwortung für die Internetseite sowie dort befindliche Links.

2) Analogien finden sie bei Watzlawick, P., Anleitung zum Unglücklichsein, München (Piper 1988[26.] im Kapitel S. 71ff.: „Wenn du mich wirklich liebtest, würdest du gern Knoblauch essen.“ Der unübertroffene Klassiker der Verwechslung von Sach- und Beziehungsebene aber ist „Das Frühstücksei“ bei Loriot. In: Loriot, Das Frühstücksei, Zürich (Diogenes), 97ff.

„Der hoch spannende Gott im Niedervoltbereich“
Predigt über 2. Mose 13, 20-22
Altjahrsabend 2011

Liebe Gemeinde,

In der Wolken- und Feuersäule ist Gott beim Auszug aus Ägypten präsent und führt das Volk durch die Wüste, zunächst bis zum Berg Sinai. Dort erhält es die Gebote. Man kann sich die Wolkensäule etwa so vorstellen, als verberge sich hinter dem Rauch, der am Tage gut sichtbar ist, ein Feuer. Und des Nachts scheint dann die rote Glut des Feuers weit durch. Das Licht führt auf dem Weg und deutet die Gegenwart Gottes an.
Zunächst wandert das Volk dieser Wolke nach bis zum Berg Sinai, wo es die Gebote erhält. Dann baut Israel eine Lade für die Steintafeln und die Stiftshütte. Die Lade ist eine tragbare Truhe aus Akazienholz, das in der Wüste wächst. Die Stiftshütte ist ein mobiler Vorläufer des Tempels. Von nun an zieht die Rauchsäule nicht mehr vor dem Volk her, sondern steht über der Stiftshütte, dort wo die Lade die Gegenwart Gottes andeutet, bis Israel das Heilige Land am Ende der Wüstenwanderung erreicht. Die Lade löst allmählich die Rauchsäule ab in ihrer Funktion, die Gegenwart Gottes anzuzeigen. Im Buch Josua (3,6), bei der Überschreitung des Grenzflusses Jordan vor der Landnahme, ist die Wolkensäule verschwunden. Nicht die Wolkensäule, sondern die Lade geht vor dem Volke her über den Jordan. War die Gegenwart Gottes in Feuerschein und Wolke also nur eine Übergangserscheinung für begrenzte Zeit? Ist dieser Gott nur ein Gott des Übergangs? Man könnte es beinahe meinen. Auch wir haben in unserem Leben Gott oft vom ständigen Begleiter zum Gott des Übergangs gemacht. Der Ruf nach ihm wird besonders laut in Krisen- und Übergangszeiten. In anderen Zeiten spielt er im Leben vieler Menschen kaum eine Rolle. Gottesdienste werden gewünscht in Übergangszeiten. „Rites de Passages“ - „Riten des Überganges“ nennen das die Religionssoziologen, die Geburt stellt einen Übergang ins Leben dar. Die Taufe zum Beginn des Lebens ist ein Ritus wie die Beerdigung an dessen Ende. Zum Übergang vom Leben zum ewigen Leben spielt der Ritus und mit ihm die Nähe Gottes wieder eine Rolle.
Aber auch der Schulanfang wird mit einem Gottesdienst gefeiert. Das Erwachsenwerden wird in der Konfirmation gefeiert. Der Eintritt in den Ehestand wird bei der kirchlichen Trauung gefeiert. Neuerdings steht sogar die Goldkonfirmation für den Eintritt in den Ruhestand. Feiern wir nun auch noch den Übergang von einem Kalenderjahr zum anderen?

Vermutlich das wird der Hintergedanke der Liturgischen Kommission gewesen sein, den Text hierhin zu platzieren.
Der Unterschied zu unseren Übergangsriten ist nur, dass Gott hier geradezu tags und nachts leuchtet, und nicht nur vorübergehend. Für die Wüstengeneration war die Rauchsäule ein ständiger Begleiter. Erinnern wir uns: Als Gott sich dem Mose, ebenfalls im Feuer, offenbarte, gab er ihm eine feste Zusage: „Ich werde mit dir sein" (2.Mose 3,12).
Und dieses Versprechen des „Ich werde mit dir sein" löst er in der Wolkensäule ein. Christen haben später darauf hingewiesen, dass auch der Name „Immanuel" für Jesu „Gott ist mit uns" heißt, wobei der „Immanuel" bürgerlich wohl „Jesus von Nazareth, Sohn Josephs" hieß. Macht nichts - wir haben ja noch den Heiligen Geist in den Herzen als ständigen Begleiter und auch der soll in Zungen wie vom Feuer erschienen sein.
Fazit: Die Formen seiner Gegenwart wechseln, seine Gegenwart im Leben seines Volkes nicht. Wir müssen also damit rechnen, dass er in unserer Geschichte in immer anderer, verwandelter Form auftaucht, aber präsent bleibt. Dabei ist es gleich, ob das Symbol von der Rauchsäule zur Lade wechselt, oder ob Gott alle drei Personen seiner Dreifaltigkeit nacheinander durchdekliniert. Davon, dass er nur an bestimmten Festtagen gegenwärtig ist, steht da nichts, auch wenn wir uns genau dann seine Nähe mehr als sonst vergegenwärtigen. Anders ausgedrückt ist es im Anhang des Gesangbuches in der Barmer Theologischen Erklärung von 1934: „In Jesus Christus ist unser Zuspruch für das ganze Leben, aber auch der Anspruch auf unsere ganzes Leben erschienen." Die Rituale, die wir feiern, verdeutlichen aber an besonderen Tagen seine immer währende Gegenwart. Wenn sie so wollen, ist sogar der Jahresabschluss genau heute ein eher willkürlich gesetztes Datum, das man auch an einem anderen Tage feiern könnte. Der Jahresabschluss aber dient auch unserer Erinnerung, dass unsere gesamte Zeit von Gott her bestimmt und eingeteilt ist.
Mit der Wolkensäule führt Gott sein Volk. Die Rauchsäule setzt sich aber auch, als die ägyptischen Streitwagen ihre ehemaligen Sklaven zurückholen wollen, schützend zwischen die beiden Völker, sodass die Ägypter sich den Israelis nicht nahen konnten. Die Wolkensäule hat, wie ich einem jüdischen Kommentar entnahm, geradezu symbolische Bedeutung. Schon die alten Perser hatten nämlich, wenn sie in der Dunkelheit mit ihren Karawanen zum Krieg aufbrachen, einen Fackelträger, der mit dem Licht voran ging, um im gefährlichen Gebiet den Weg zu weisen, aber etwas ist hier anders. Hören wir in jenen jüdischen Kommentar einmal hinein: „Der Aufseher trägt das Feuer vor dem Würdenträger, ... der Würdenträger vor dem Fürsten, der Fürst vor dem Hegemon, der Hegemon vor dem König. Trägt

jedoch der König das Feuer vor einem gewöhnlichen Menschen? ... Doch, der Heilige, gelobt sei Er, trug das Feuer vor den Israeliten!" [1)] Wir erfahren dank der Verhüllung in Feuerschein und Wolke nicht, wie Gott aussieht, aber wir erfahren viel über sein Geheimnis. Er ist in der Rauchsäule zugleich offenbar und verborgen, am besten kann man ihn bei Nacht leuchten sehen. Er erscheint als Diener des Volkes und als Führer zugleich.

Wer Gott begegnet, begegnet ihm immer im Paradox: Er ist zugleich Diener und Führer, ganz nah und doch unnahbar wie das Feuer, zugleich sichtbar und unsichtbar verhüllt. Er ist zugleich zuverlässig da und doch nicht von Menschen verfügbar. Rauch und Feuer kann man nicht greifen, aber sehen.

Ich liebe diese Texte wie den vom brennenden Dornbusch, von der Wolkensäule in der Wüste, von der Verklärung Jesu auf dem Berg, vom verborgenen Gang des Auferstandenen nach Emmaus. Sie offenbaren ein Stück von Gott, wahren aber zugleich das Geheimnis seiner Einzigartigkeit. Und wenn Gott so erscheint, dann tut er es nie um ein Spektakel oder eine Demonstration seiner Macht zu inszenieren, sondern immer im Dienst der Menschen. Mal kündigt er sich als der an, der ein unterlegenes Volk aus der Sklaverei befreit, mal wird er verklärt als der, der seinen Jüngern ein letztes Mal vor der Passion seinen Glanz zeigen will, mal offenbart sich der Auferstandene als Tröster in der Trauer.

Nicht in Fleisch und Blut, aber doch wesensgleich mit Jesus als Diener und Freund der Menschen, präsentiert er sich hier im Alten Testament in der Wolkensäule, sichtbar und unsichtbar zugleich. Die Trinität kann man nicht verstehen, man kann sie nur wahrnehmen und über sie staunen. Freilich würde ich nie gegenüber einem Juden behaupten, dass diese meine eigene Auslegung die einzig Mögliche ist, gleichwohl halte ich sie für legitim. Es bliebe zu guter letzt noch das Problem, diese Erfahrung alltagstauglich zu machen. Wir haben es mit dem Problem der Transformation zu tun. Gott erscheint in der Feuersäule als Energiebündel. Viele seiner Erscheinungen stehen im Hochspannungsbereich und sind erst einmal auf den Niedervoltbereich von uns kleinen Lichter herunterzutransformieren. Das ist die Aufgabe des Kirchlichen Unterrichts und der Predigt: Wir müssen eine Wirklichkeit, die wir selbst von ihrer göttlichen Natur her überhaupt nicht verstehen können, so übersetzen und heruntertransformieren, dass das uns Wunderbare und Unverständliche für jedes Kind verständlich wird. Man könnte auch gleichsam einen Blitz im Gewitter einfangen, um die Energie zu speichern und damit Glühlampen zum Leuchten zu bringen, was meines Wissens nach den Ingenieuren noch nicht gelungen ist.

O Herr, hilf!

Soll ich ein ewiges Lichtlein am Bett der Kinder aufstellen, um ihnen anzuzeigen, was einem alten Volks- und Wiegenlied entspricht? „Morgen früh, wenn Gott will, wirst du wieder geweckt.“? Aber vielleicht liegt in dieser Polemik ja schon der Lösungsansatz. Vielleicht waren unsere verloren gegangenen oder gefährdeten Traditionen ja schon der Weg, die ständige Gegenwart Gottes anzuzeigen. Früher saß die Oma am Bett als leuchtendes Beispiel und las eine fromme Geschichte oder sprach ein Gebet vor dem Einschlafen. Sie repräsentierte für das Kind Behütetsein und die Gegenwart Gottes.

Früher beschwerten sich die Leute nicht über das Glockengeläut, sondern gingen morgens mit einem Gebet auf die Felder zur Arbeit, wenn es bimmelte. Und was die Gebete am Rande der Arbeitstage waren, waren am Anfang und Ende der Woche die Sonntagsgottesdienste - Positionsleuchten, Zeitansagen, Wegweiser. Und was die einzelnen Sonntage in den Wochen waren, das waren die Feste des Kirchenjahres im Jahresverlauf. Da gab es eine Zeit der Trauer und eine Zeit des Abschiednehmens im November und eine Freudenzeit zu Ostern. Da bewegte sich unser Leben zwischen einer Geburtsgeschichte zu Weihnachten und dem Gedenken an Tote und die Auferstehung am Ewigkeitssonntag.

Und dann erst, im allerletzten Schritt, komme ich zum Anfang der Predigt zurück. Die Menschen haben noch eine Ahnung von den verbliebenen Überresten der Positionsleuchten, die die Gegenwart Gottes auf den Lebensweg anzeigen. Was für den Tag die festen Gebetszeiten waren, war im Wochenrhythmus der Wechsel vom Sonntag zum Feiertag. Was im Wochenrhythmus der Sonntag war, das sind im Jahresrhythmus die Feiertage. Und was im Jahresrhythmus die Feiertage sind, das sind im Lebensrhytmus die Übergangsriten, auch kirchliche Kasualien genannt. Wer immer daraus Amtshandlungen machte, muss ein blutleerer Schreibtischtäter gewesen sein - die Sprache verrät ihn. Wer immer von der Kerngemeinde hochnäsig meint, hier auf die Bedürfnisse der anderen Kirchenmitglieder heruntergucken zu müssen, die nur zu den ein paar Mal im Leben eine Kirche aufsuchen, ist einfach nur dumm und arrogant. Gott war nicht so arrogant, sein Volk allein mit einem Wort der Hoffnung in die Wüste zu entlassen, wie es manche reformierte Theologen gerne hätten. Die Gegenwart des unsichtbaren Gottes braucht Rituale und Zeichen.

Gott schaffte es, sein Geheimnis zu wahren, und sich doch zu zeigen, weil die Herzen der Menschen es brauchten. Er war barmherzig mit den

Menschen. Ein Nebensatz am Anfang des Predigttextes sagt, dass er nicht den direkten Weg über die Militärstraße nach Israel ging, damit das Volk keine Angst bekäme, sondern den zugleich sicheren wie unheimlichen Umweg durch die Wüste. Gott ist barmherzig genug, dem Bedürfnis seines verängstigten Volkes nachzukommen, mal durch einen sicheren Umweg, mal durch Zeichen seiner Gegenwart wie die Wolkensäule und später die Lade. Er zeigte sich gleichermaßen gewaltig und schön, aber auch verzehrend und wärmend im Feuer- so wie er auch im Gericht beide Seiten hat, die Wärmende und die Vernichtende. Die Rituale und Feste zuhause und in der Kirche sind genau die heruntertransformierten Positionsleuchten im Niedervoltbereich, die den Blitz der Offenbarung Gottes in einem für die Allgemeinheit noch auszuhaltendem Spannungsbereich heruntertransformieren.

Die Menschen im Alten Testament hatten noch soviel Ehrfurcht, dass sie wussten, dass sie sterben würden, wenn sie Gott zu nahe kämen, so wie man einem Blitz oder einer Hochspannungsleitung nicht zu nahe kommen darf. Und doch ist sein Geist die Energie, von der wir leben.

Ich musste weder bei meiner Konfirmation noch bei meiner Ordination die Kopfgeburt eines Bekenntnisses mit Worten ablegen, um den heiligen Schauer zu erfahren, den es bei mir auslöste, als ich beim Segen Hände auf den Kopf gelegt bekam. Bei der Ordination votierte das ganze Schalke Presbyterium und nach fünf Minuten schlotterten mir die Knie. Die Segnenden kamen von hinten, so dass ich sie höchstens an der Stimme erkennen konnte, aber sie repräsentierten, dass Gott selbst mir etwas auf den Weg mitgeben wollte. Bei allem physischen Zittern erklang die Stimme meines Ausbilders im Vikariat, Johannes Fronemann, der mich am besten kannte. Er sprach mir nach alten Luther-Übersetzung den Segen zu, den Elia seinem Schüler Elisa übertrug: „Sei tapfer, sei ein Mann!“ (nach 2. Könige 2,2).[2)] Auch wenn mir die Gedanken erst gerade beim Predigtschreiben selbst gekommen sind, merke ich, dass ich auf einer Spur bin, die Tradition hat. Martin Luther hat gesagt, solche Zeichen der Gegenwart Gottes wie die Feuersäule könne man in den Sakramenten erkennen.[3)] Vielleicht fällt ihnen auf, dass Gott auch im Sakrament zugleich mit den Sinnen erfahrbar ist und geheimnisvoll bleibt? Nicht umsonst bekennen wir neuerdings wieder das „Geheimnis des Glaubens“ vor der Austeilung des Abendmahls. Sichtbar und zugleich geheimnisvoll kann der, der das Sakrament empfängt, die Gegenwart Gottes erfahren und nach dieser Vergewisserung, dass Gott in seinem Leben noch da ist, gestärkt in den Alltag gehen.

Im Idealfall findet sogar eine Wandlung statt, aber nicht die von Mehl und Wasser in den Leib Christi, sondern eine Verwandlung von innen heraus, wenn aus vorher mutlosen Menschen Getröstete werden, wenn der Geist Gottes auch in unserem Schwachen Fleisch erfahrbar ist, wenn auch ich Bangebuchse wieder Mut fasse, und wenn sich eine Predigt, von der ich meinte, er gäbe keine Brücke von der Wolkensäule vor dreitausend Jahren bis in unsere Gegenwart, fast wie von selbst schreibt. Dann hat sich nicht Brot und Wein in Fleisch und Blut Christi verwandelt, aber eine innere Wandlung in meinen Herzen hat dann stattgefunden. Genug der Worte, lassen wir uns beim Abendmahl ein auf die Gegenwart Gottes. Gut wäre es, wenn dabei nicht die Hütte brennt, sondern unsere Herzen. Wir sind im Niedervoltbereich. Amen.

Anmerkungen:

1) ben awoda sar, 11a, zitiert nach R. Gradwohl, Bibelauslegung aus jüdischen Quellen, 2. Band, Die alttestamentlichen Predigttexte der 4. Reihe; Quell-Verlag Stuttgart 1987.

2) In heutigen Luther-Übersetzung nicht mehr zu finden. In einem Kommentar aus dem 19. Jahrhundert fand ich: „Ich gehe hin den Weg aller Welt; so sei getrost und sei ein Mann." (Dächsel, A.; Die Bibel oder Die ganze Heilige Schrift Alten und Neuen Testaments, nach der deutschen Übersetzung Dr. Martin Luthers, mit in den Text eingeschalteter Auslegung, Zweiter Band, Leipzig 1876ff, S. 423. Diese alte und einfache, nicht universitäre Auslegung eines Pfarrers wurde für mich oft eine Fundgrube für Predigten! Ich rettete sie, als ich sie im Urlaub aussortiert auf einem Wühltisch am Eingang einer Kirche in Waren/Müritz fand.

3) Die Erwähnung Luthers in diesem Zusammenhang, ohne nähere Quellenangabe, fand ich bei Keflis, B. in seiner Predigt zum Altjahrsabend 2011 auf www.kanzelgruss.de.
Aus formal-juristischen Gründen muss ich darauf hinweisen, dass ich für den Inhalt dieser Homepage und etwaiger Links nicht verantwortlich bin.

„Was außer der Dummheit der Menschen noch unendlich ist.“
Predigt über Jesaja 40,12-25
Fünfter Sonntag nach Epiphanias 2011

Liebe Gemeinde,

von der Größe Gottes kann man allenfalls bescheidene Bilder wiedergeben. Wir haben nur unbeholfene Vergleiche, die seine Wirklichkeit und sein Aussehen nicht annähernd wiedergeben können. So groß wir ihn uns auch vorstellen, er passt in keinen Bilderrahmen und in keinen Maßanzug.
Der Predigttext ist auf den ersten Blick ein poetischer Text, der den Versuch wagt, Bilder von Gott zu malen. Doch eigentlich ahnen wir jetzt schon, dass jedes noch so gut gemalte Bild der Größe Gottes nicht angemessen ist. Auf den zweiten Blick werden wir sehen, dass er gar kein realistisches Bild malen will, sondern auch sehr polemische Züge mit feiner Ironie enthält. Aber auch die Ironie ist ja nur ein Mittel, etwas indirekt zu beschreiben, was man direkt nicht beschreiben will oder kann.
Jede Predigt über die Größe Gottes steht in der Gefahr, ihn klein zu machen, und nur einen winzigen Ausschnitt seiner Wirklichkeit zu beschreiben. Mathematisch ist das unmöglich. Ich kann ein Promille von einer Milliarde exakt beschreiben und habe immer noch eine Million. Aber ich kann eigentlich keinen Bruchteil und keinen Ausschnitt von unendlich wählen. Also sehe ich nicht einmal mehr einen winzigen Ausschnitt des großen Gottes unter dem Mikroskop, sondern immer nur ein Gleichnis, ein Bild von ihm. Es ist uns nicht umsonst verboten, von Gott ein Bild zu machen, erst recht kein gegossenes oder geschnitztes Bild, das ihn abbildet.

Wenn einer der bekanntesten Theologen des vergangenen Jahrhunderts in jungen Jahren einmal geschrieben hat, jegliches Reden von Gott sei Sünde, weil man über Gott nicht reden könne, so hatte er Recht.[1)] Ergänzt hat eben jener junge Bultmann einige Sätze später aber noch, trotzdem bliebe ihm nichts Anderes übrig, als von Gott zu reden. Und auch das ist richtig. Freilich ginge es dann eher darum, das zu erzählen, was wir mit Gott erlebt haben, als ihn zu beschreiben. Ich kann von Gott eigentlich nicht reden, weil er viel zu groß ist, um ihn zu begreifen. Ihn klein zu machen ist Sünde. Aber ganz zu schweigen von ihm wäre ebenfalls nicht in Gottes Sinne. Das Lob Gottes und das Staunen ist die einzige annähernd richtige Haltung.
Die Gefahr, dass ich zuviel sage, was Gott nicht angemessen ist, ist in dieser Predigt und bei diesem Text viel größer als die Gefahr, dass ich zu schnell Amen sage. Angemessen wäre es, den Predigttext mit einem

einzigen Namen wiederzugeben, der nicht der Name Gottes ist. Ich könnte jetzt einfach „Michael“ rufen und dann Amen sagen. Wenn Michael um die Bedeutung seines Namens weiß, dann weiß er, was ich gerade gesagt habe. Der Name kommt aus dem biblischen Hebräischen und ich übersetze ihn von hinten. „El“ heißt „Gott“. Viele Namen haben „El“ als letzte Silbe, etwa auch „Daniel“ oder „Gabriel“. „El“ heißt immer „Gott“.
Was aber bedeutet dann „Micha“? „Mi-cha“ sind zwei Worte. „Mi“ heißt „Wer?“ und „Cha“ heißt „wie“. Ich übersetze „Mi - cha- el“ also mit „Wer - wie - Gott?“ und ergänze „Wer ist wie Gott?“ Die Antwort müsste natürlich „keiner ist wie Gott“ lauten. „Michael“ ist eine rhetorische Frage und ein Bekenntnis zugleich.
Und der erste Teil des Predigttextes ist genauso. Wer misst die Wasser in der hohlen Hand? Gemeint sind die Weltmeere, die nur eine Hand voll Wasser in der Hand des riesigen Gottes sind.
Himmel und Erde sind die anderen Elemente gegenüber dem Meer. Diese misst Gott mit einer Handwaage wie ein Markthändler. Gott ist in diesem Bild sehr groß, aber viel kleiner als in Wirklichkeit. Weil ein Promille von unendlich nicht eine Billion oder Billiarde ist, ist das Bild immer noch viel zu klein.
Die Naturwissenschaft hilft, um die wahren Relationen nicht zu begreifen, sondern zu erahnen. Der Mond ist 384000 km von uns entfernt und das Licht hat eine Geschwindigkeit von 300 000 km pro Sekunde. Also ist das Mondlicht ein wenig mehr als eine Sekunde zu uns unterwegs und das Licht der Sonne acht Minuten. Jedes Jahr hat, das habe ich ausgerechnet, 65 700 mal acht Minuten oder knapp 32 Millionen Sekunden.
Etwas weniger als 32 Millionen Mal mehr als die Entfernung vom Mond zur Erde wäre dann ein einziges Lichtjahr, sagen wir vorsichtig 25 Millionen Mal mehr. Nun ist nächste Fixstern etwa 4 Lichtjahre weg, der Andromedanebel etwa 2 1/2 Millionen Lichtjahre, das Ende des Weltalls angeblich 18 Milliarden Lichtjahre. Ich bin wieder vorsichtig, den Andromedanebel kennen wir sicher, aber wie man auf die Ausdehnung des Weltalls kommt, das weiß ich nicht. 25 Millionen mal 2 1/2 Millionen Lichtjahre sind etwa 60 Billionen. 60 Billionen Mal die Entfernung zum Mond ist es bis zum äußersten sichtbaren Nebel des Weltalls. Wir haben bereits eine Zahl mit 13 Nullen.
Nehmen wir an, Gott umfasste nicht mehr als nur das ganze Weltall, wäre es dann im Größenvergleich nicht jetzt schon völlig vermessen, unsere Weltmeere als eine Hand voll Wasser zu bezeichnen?
Der Bibeltext denkt sich Gott wie einen Menschen, der die Weltmeere in der Hand hält. Wäre Gott aber so groß wie das Weltall und in unserem Bild

so groß wie ein Mensch, dann könnte man das Wasser unserer Meere nicht mehr mit einem Mikroskop erkennen. Der Prophet übertreibt völlig, wenn er bei den Weltmeeren von einer Handvoll Wasser spricht. Man erkennt noch nicht einmal einen Tropfen unter dem Mikroskop.
Szenenwechsel: Erinnern Sie sich noch daran, mit welchen Worten man, als ich ein Kind war, 1969 fortschrittsgläubig die Mondlandung kommentiert hat? „Der Mensch erobert das Universum" - welch ein unverfrorener Größenwahn! Jeder Floh, der einen Meter hoch vom Tisch springt, vollbringt im Vergleich zur Größe des Erdballes rechnerisch eine 48 Milliarden Mal größere Leistung als der Mensch auf dem Sprung zum Mond, verglichen mit dem Umfang des Weltalls. Wer es nachrechnen will. Runden wir den Erddurchmesser auf 12000 Kilometer ab, dann sind das 12 Millionen Meter, also 12 Millionen Flohsprünge.
Und nun nehmen sie den Sprung des Menschen zu Mond im Verhältnis zum wahrscheinlichen Ende des Weltalls. Wir waren bei sehr vorsichtiger Schätzung bei 60 Billionen bis zum äußersten Nebel des Weltalls. Ich komme beim Teilen auf 5 Millionen Mal 12 Millionen. 5 Millionen Mal mehr leistet ein Floh, der einen Meter hoch springt, im Vergleich zum Erdumfang als der Mensch beim Mondflug im Vergleich zur Größe des Weltalls leistete. Und das wir haben mehr als vorsichtig geschätzt, nur bis zum Andromedanebel, nicht bis zum Ende des Weltalls, das wir nur berechnen können, aber nicht kennen. Der geschätzte Radius des Universums ist noch 9000 Mal größer als 5 Millionen und liegt bei etwa 45 Milliarden.
Die Erschütterung durch jeden Sack Reis, der in China umfällt, hat mehr mit einem Erdbeben zu tun als ein Mondflug mit der Eroberung des Universums. Jeder Furz, der von einem Elefanten im fernen Indien gelassen wird, hat mehr mit einem Orkan zu tun. Und jedes Wässerchen, das ich trübe, löste eher einen Tsunami aus.
Es mag der amerikanischen Seele im Jahre 1969 gut getan haben, nach dem Vietnamkrieg nicht auch noch das Wettrennen um den Mond zu verlieren! Und sei es, dass durch diesen wiederhergestellten amerikanischen Nationalstolz ein Rückzug aus Vietnam eher möglich war, so hat die Eroberung des Mondes ein Gutes gehabt. Mit der Eroberung des Weltalls oder der Größe Gottes hatte das jedoch rein gar nichts zu tun. Den anderen Quatsch von Herrn Gagarin, der da oben keinen Gott gesehen hat, erwähne ich erst gar nicht. Nicht eine Schuppe von seinen Haaren hätte er in der Größenrelation erkannt!
Da halte ich es eher mit Albert Einstein, der sich nicht zu intelligent vorkam, um an Gott zu glauben. Sein Satz aus dem Jahre 1955 dazu war:

„Zwei Dinge sind unendlich, das Universum und die menschliche Dummheit, aber bei dem Universum bin ich mir noch nicht ganz sicher".[2)] Dieses Zitat habe ich nicht ohne Absicht eingestreut. Es geht um Größenwahn gegenüber Gott. Die gleiche Ironie hat der Dichter unseres Predigttextes angewandt und noch viel brisanter. Seine Predigt über die Größe Gottes ist nämlich alles andere als unpolitisch. Waren doch die Gottheiten der babylonischen Großmacht Sonne, Mond und Sterne.
Was stört es Washington, wenn ich hier in Gevelsberg gegen die amerikanische Politik polemisiere. Gar nicht so sicher wie ich durfte sich der sogenannte zweite Jesaja sein, dass den Mächtigen in Babylon seine Worte egal waren. Er lebte vermutlich im Exil in der Höhle des Löwen und es knisterte gefährlich, weil das babylonische Weltreich seinem Ende zuging. Die Perser kamen. Aber angeschlagene Riesen sind bekanntlich gefährlich, wenn ihr Thron wackelt, und sie verzweifelt um sich schlagen. Der Prophet träumt von der Befreiung Israels und setzt gezielte Spitzen gegen die babylonischen Götter.
Zum einen waren ihre Gottheiten zum Teil die Gestirne des Himmels. Und auch diese müssen winzig klein erscheinen gegenüber der Größe Gottes. Zum anderen macht er sich aber in einer Welt, die alles andere als tolerant und demokratisch ist, über die Standbilder der fremden Götter lustig. Das wird der geknechteten israelischen Seele gut getan haben, war aber gefährlich. Denn normalerweise war es nach einem verlorenen Krieg schon so, dass man fragen durfte, wo war der Gott Israels, sind nicht die Götter der Sieger viel größer und stärker. Schon der Schöpfungsbericht, bei dem Gott am Himmelszelt Sonne, Mond und Sterne so lässig aufhängt wie die Firma Steuernagel beim Umzug meine Lampen. Das ist schon derbe Polemik, bedenkt man, dass Sonne und Mond Gottheiten der Babylonier waren. Aber er setzt noch einen drauf. Da gießt man teures Gold und Silber in rauen Mengen zu einem Standbild und muss es anketten, damit der liebe Gott der anderen Völker nicht geklaut wird. Nimmt man statt Gold nur Holz, dann muss man schon aufpassen, dass diese Gottheit nicht verwittert und verfault. Das ist sehr feinsinnige tiefe Ironie in einer Phase, da Israel kurz davor ist, das babylonische Exil wieder zu verlassen, weil mit den Persern die Befreier schon vor der Tür stehen.
Ich versuche eine Übertragung auf die heutige Zeit. Es gibt auch in uns Bilder, die haben einen derartigen Symbolcharakter, dass man sie einfach nicht vergisst. Welches Bild verbinden Sie mit dem vermeintlichen Ende des Irak-Kriegs? Eines ist in jedem Fall dabei. Ich habe immer wieder das Bild vor Augen, wie das Standbild des gefürchteten Diktators Saddam Hussein vom Sockel gekippt wurde. Ist das nicht eine Parallele zu den

Gottheiten, die sich Menschen machen, wobei man aufpassen muss, dass das Standbild nicht verrottet oder geklaut wird? Es gibt eine zweite Szene von ähnlich feinsinniger Symbolik und Ironie, die mir nicht aus dem Kopf will. Jedem, der den Film „Goodbye Lenin" gesehen hat, wird sie sehr schnell einfallen. Da wird nach dem Ende der DDR mit einem riesigen Kran eine Leninstatue vom Sockel geholt und schwingt durch die Luft. Und weil der Kran so wackelt, sieht es aus, als ob Onkel Lenins Hand noch einmal zum Abschied liebevoll durch die Lüfte winkt. Es fehlten nur noch das Taschentuch und ein Vorhang, der fiel. Bedenkt man, wie viele Menschenleben sowohl Lenins Nachfolger Stalin als auch Saddam Hussein zum Opfer gefallen sind, dann kann einem trotz dieser wohltuenden Ironie eine Gänsehaut den Rücken hinunterlaufen.

So, sagt der zweite Jesaja, sind die Götter der anderen Völker, wackelig, in der Gefahr zu verrotten oder gestohlen zu werden. Der Gott Israels ist aber so groß, dass man ihm nichts anhaben kann. Wobei die rein mathematische Berechnung der Größe des Weltalls, die ich anstellte, eben gezeigt hat, dass Gott noch viel zu klein und die Erde noch viel zu groß dargestellt worden ist. Aber wir ahnen, dass es Jesaja nicht darum ging, ein realistisches Bild von Gott zu malen. Dafür stecken, eben nicht auf den ersten, sondern auf den zweiten Blick, noch viel zu viele polemische Spitzen darin.

Eine dritte Strophe des Liedes müsste also nicht nur die Größe Gottes mit der Größe der Erde und der anderen Götter vergleichen, sondern auch die Macht der Mächtigen und die kurze Zeitspanne ihrer Herrschaft mit der Allmacht Gottes und der Ewigkeit seines Reiches. Der tiefsinnige Humor hat aber durchaus auch eine seelsorgerliche Funktion. Die Wirklichkeit sah nämlich eher bescheiden aus. Wie gesagt, vordergründig hatten die anderen gesiegt und den Tempel zerstört. Da durfte man sich schon fragen, was denn mit dem Gott Israels im Vergleich zu den Göttern der Babylonier war. Wenn ich heute eine einzige Nachrichtensendung sehe, vergeht nicht ein Tag, an dem ich mich nicht fragen muss, welcher Gott denn eigentlich diese Welt regiert, die aus den Fugen zu geraten scheint. Heute Wirbelstürme in Australien, morgen eine Revolution in Ägypten, übermorgen eine Atombombe im Iran und wenn das alles vorbei ist, eine Klimakatastrophe.

Eingebettet ist unser Gedicht über die Größe und Unvergleichlichkeit des verborgenen Gottes in zwei sehr bekannte seelsorgerliche Texte. Das eine Lied macht Hoffnung zum Neuanfang mit dem Refrain „Tröstet, tröstet, mein Volk". Der andere Text spricht in der gewiss nicht einfachen Exilsituation Trost und Hoffnung zu mit den Worten „die dem Herrn vertrauen, schöpfen neue Kraft". Aber erinnert nicht vielfach die Situation der gläubigen Christen als solche einem großen Exil und einer Gefangenschaft? Es soll den Israeliten in Babylon besser gegangen sein als früher den Sklaven in Ägypten. Ist das in nicht genauso in einer kapitalistischen Welt, in der es uns gut gehen kann, die aber mit spirituellen und religiösen Dingen nichts am Hut hat? Ist uns nicht manchmal auch danach, aus dem Exil ins Reich Gottes heimkehren zu dürfen? Sind die 2500 Jahre alten Worte nicht auch ein Trost für uns, weil Gott immer noch viel größer ist als alles, was er geschaffen hat und alles, was uns schreckt? Ist Ironie nicht manchmal das bessere Mittel von all dem Abstand zu gewinnen? Mit Hilfe der Ironie sehen wir die Welt gewissermaßen kleiner und aus der Vogelperspektive Gottes.

Wenn wir heute von der Größe Gottes reden, können wir es immer nur in Bildern tun. In meinem Studium habe ich mich stets an die Biblischen Fächer gehalten, weil dort das Wort Gottes spricht. Systematische und abstrakte Theologie mochte ich weniger, weil jede Systematik von Menschen gemacht ist und Gott in ein System pressen will. Die einzige Systematik, die mir gefiel, war unsystematisch und von einem ehemaligen Alttestamentler geschrieben. Ein gutes Bild für Gott habe ich mündlich von Hans-Joachim Kraus gelernt, als er uns Studenten in Wuppertal auf Einladung des Dozenten hin besuchte. Gott war für ihn wie ein Wasserfall, von dem wir immer nur kleine Gefäße Wasser abschöpfen können. Die Krüge wären Bilder und Systeme, um überhaupt etwas von ihm zu verstehen. Aber ein Krug Wasser voll von einem Wasserfall ist zwar von der Substanz her Wasser, aber nicht der ganze Wasserfall. Dazu kommt: Gott ist dynamisch und nicht statisch. Der Wasserfall ist im Gegensatz zu einem Eimer nahezu unendlich, weil immer wieder neues Wasser hinzufließt. Mehr als dieses Gefäß voll Wasser von einem lebendigen Wasserfall können wir von Gott nicht erfahren und doch ist dieses Wasser ein Symbol für das Leben. Nur ein Stückchen Brot, nur ein Tropfen Wein, nur drei Spritzer Wasser bei der Taufe. All das kann Gott nicht fassen. Aber es ist Leben für uns und eine kleine Ahnung seiner Ewigkeit. Amen.

<u>Anmerkungen:</u>

1) Bultmann,R.; Welchen Sinn hat es, von Gott zu reden? (1925), In: Lindemann, A. (Hrsg.).Neues Testament und Christliche Existenz. Theologische Aufsätze. Tübingen 2002, 1-12.

2) Zitiert nach: www.zitate-online.de. <u>Disclaimer:</u> Aus formalrechtlichen Gründe distanziere ich mich vom Inhalt dieser Internetseite.

Jenseits der Diesseits-Vertröstung - „Unser Herr kommt!“ [3)]
Predigt am Letzten Sonntag nach Epiphanias 2012
Offenbarung 1,9-18

Liebe Gemeinde,

dieser Predigttext klingt wie aus einer fernen Welt und weckt je nach Altersstufe ganz unterschiedliche Assoziationen. Die Älteren mögen an Bilder aus Märchen vergangener Zeit denken, aus einer Zeit, in der es noch Könige gab. Die Jüngeren landen vielleicht in einer Welt der Fantasy - Spiele oder der Science-Fiction. Beiden ist gemeinsam, dass sie sehr bewusst oder unbewusst von einer anderen Welt sprechen, über die wir in der Kirche nicht mehr zu reden wagen. Das ganze Panoptikum, das uns aus der Offenbarung noch vertraut ist, in dem es noch „Gut“ und „Böse“ und eine Erlösergestalt gibt, ist uns fremd geworden, und deshalb verschwinden genau diese Visionen. Sie entweichen in den Bereich der Phantasie und werden mitunter sehr geschickt in Science-Fiction verarbeitet. Diese Filme sind genau wie Märchen in Gut und Böse geteilt, kennen Erlösergestalten, und sind voll versteckter religiöser Symbole, aber kommerziell. Weil wir weltlich, allzu weltlich geworden sind, und uns noch mehr trauen über Außerweltliches und Übernatürliches zu reden, tun es andere in oft abgeflachter Form.
Weil wir ganz im Diesseits leben, reden andere vom Jenseits. Dabei ist der Schreiber der Johannesoffenbarung kein Spinner, kein Visionär, der zum Arzt muss.[1)] Er ist sich dessen bewusst, dass das, was er in einer gewaltigen Vision zu Gesicht bekommen hat, nur in bildhafte Sprache kleiden kann. Das häufigste Wort des Predigttextes ist „wie“, weil wir keine wirklichen Bilder und Worte in unserer Sprache haben für die Wirklichkeit Gottes. Da steht: Die Stimme sei wie von einer Posaune gewesen – wahrscheinlich irgendwie anders, außerirdisch im Klang, aber doch so mächtig wie die Posaunen von Jericho, die Mauern zum Einsturz hatten bringen können.
Da steht, die Gestalt sei einem Menschensohn gleich. Auch dieses „gleich“ ist eine Form von „wie“. Es ist nicht mehr der irdische Jesus in Fleisch und Blut, es ist der himmlische Auferstandene, dem nur wenige persönlich in einer Vision begegnet sind, den er hier sieht.
Da steht, sein Haupt und Haar sei weiß wie Wolle oder Schnee. Schließlich begegnete auch der Heilige Geist zu Pfingsten unbeschreiblich wie eine Taube und wie Zungen von Feuer. Ähnliche Symbole kommen auch vor, wenn es klingt wie Wasserrauschen und die Augen wie eine Feuerflamme sind. Bei allem Respekt vor Gott ist dem Visionär klar, dass er sich in

Kategorien bewegt, die wir nicht mehr exakt mit unserer Sprache fassen können. Und so sind auch seine Füße nicht aus Gold, sondern wie aus Golderz, aber es sind auch nicht die tönernen Füße, auf denen die Weltreiche nach dem Danielbuch (Kap.2, 33) stehen. Gold ist ein Symbol für Beständigkeit, selbst im Feuer, und es ist durch Korrosion und Säuren und Laugen kaum angreifbar mit Ausnahme eines ganz speziellen Gemischs aus Salzsäure und Salpetersäure. Was sagt uns das? Was kaufen die Leute im Zeitalter des Spätkapitalismus, wenn ihre Ersparnisse auf den tönernen Füßen der Inflation stehen? Gold! Wir sollten die Visionen nicht den Märchen und den kommerziellen Science-Fictionmachern überlassen, denn wir haben ein unvergleichliches Bildmaterial. Aber wir müssen uns dessen Bildhaftigkeit bewusst sein, und die vielen „Wies" übersetzen, damit sich daraus eine Aussage für heute ergibt.

Selbst Jesus beschreibt das Reich Gottes in Bildern, in Gleichnissen, weil wir es nicht im Original erfassen können. Jedes Gleichnis und jedes „wie" der Johannesoffenbarung ist schon Übersetzungsarbeit von der Wirklichkeit des allmächtigen Gottes in unsere begrenzte dreidimensionale Vorstellungswelt. Aber gerade deshalb wäre es grundverkehrt, die Bilder ganz zur Seite zu legen, nur weil sie aus einer anderen Welt mit einer anderen Sprache stammen. Wer sie verschweigt und aus der Bibel herausschneidet, schneidet die Wirklichkeit Gottes heraus. Wichtiger ist es, die darin steckenden Symbole für uns heute zu übersetzen.[2)]

Ich beginne noch einmal mit der Posaune. Möglichkeiten der Deutung sind: Die Posaunen vor Jericho, die Mauern einstürzen ließen, nannte ich schon. Zugleich steht aber auch bei Paulus, dass mit dem Klang der Posaune, der Menschensohn die Glaubenden am Tag des Herrn in den Himmel entrückt. Auch erinnert die Posaune an ein Widderhorn, mit dem die Juden ein neues Jahr beginnen wollen.

Und wenn hier steht, Johannes habe dies am Tag des Herrn gesehen, so ist das doppeldeutig. Der Tag des Herrn wird für ihn kein normaler Sonntag gewesen sein. Wahrscheinlicher ist, dass er bereits im Voraus schaute, wie es denn am Tag des Herrn, am Tag des Gerichtes aussieht.

Der Menschensohn, von dem der irdische Jesus sehr häufig sprach, kann auch nur ein gewöhnlicher Mensch sein. Das wäre so, als wenn wir von einem Menschenkind reden. „Menschens Kind!" Er ist aber mehr. Das zeigen die Bilder. Sein Blick ist feurig, sein Haupt und Haar hell strahlend, seine Füße sind aus Gold. Es ist wohl die von den Juden in der Endzeit erwartete Gestalt, die zugleich König und Priester und Richter ist. Es ist nicht mehr der irdische Jesus, der gelitten hat bis zum Kreuz, sondern bereits der auferstandene und in den Himmel aufgefahrene Jesus, der nach

unserem Bekenntnis zur Rechten Gottes sitzt, um zu regieren und um die Lebenden und die Toten zu richten. Warum ist das wichtig? Johannes der Seher wird eine Situation der Bedrängung gehabt haben. Das Christentum war den Römern in doppelter Hinsicht eine Provokation: Die Christen nahmen an keinem Kaiserkult teil und beteten ausgerechnet einen, der von den Römern wegen Aufruhres gekreuzigt worden war, als ihrem Herrn und König an. Und so lebte der Seher wohl verbannt wie Napoleon auf Elba, nur nicht ganz so luxuriös, auf der Insel Patmos.
Auf diesem Hintergrund ist es aber wichtig, dass nicht nur der gekreuzigte Jesus, den sie täglich neu an ihrem eigenen Leid erfuhren, erschien. Den kannten sie zu gut! Es erschien ein anderer König und Herr der Welt, der die weltlichen Reiche richtete.
Das beiläufige Detail von den sieben Sternen in der Hand deutet die Macht des künftigen Jesus an. Er ist damit nicht nur der Herrscher des Kosmos. Auch römische Kaiser, die sich für Weltherrscher hielten, sind auf Münzen mit Sternen in der Hand abgebildet worden. Die Botschaft der Vision ist hochpolitisch und deutet an, dass nicht das römische Weltreich, sondern dieser Menschensohn-Christus den Kosmos beherrscht. Dies wird in einer Welt der Christenverfolgung zur Glaubensfrage: Wem unterwerfe ich mich? Von wem lasse ich mich beherrschen? Wer regiert die Welt?
Aber auch wir sind zu fragen, wer denn Herr in unserem Leben ist und wonach wir uns richten. Ist es das Geld? Sind es angebliche Sachzwänge wie die Gesetze des Weltmarktes, die wie physikalische Gesetze zum Naturgesetz gemacht werden. Wenn diese Gesetze wie Naturgesetze unabänderlich sind, dann sind sogar Armut und Reichtum gerechtfertigt als Naturgesetz. Wir aber haben die Gebote Gottes und die Worte von Propheten, die die Reichen richten. Die Sterne sind in der Hand des Erlösers und nicht umgekehrt. Er ist keinen Naturgewalten und keinem Naturgesetz unterworfen! Man stelle sich diese Vision, nicht auf römische, sondern auf unsere westliche Welt übertragen vor. Man stelle sich vor, die sieben Sterne sein die Mächtigen der G 7-Staaten. Diese sind und wie Spielzeuge in der Hand des Herrn! Ob dann wohl Plagen wie Hunger und Krieg und Umweltkatastrophen verbannt wären?
Wir brauchen den auferstandenen Jesus, der am Ende der Zeit sein Recht durchsetzt. Wir brauchen ihn als Stärkeren, der unsere Welt vom Himmel aus korrigiert. Der Glaube lebt immer von der Vision und dem, was in der Zukunft liegt. Hätte Israel nur der Gegenwart vertraut, dann wäre es in der Sklaverei oder der Wüste steckengeblieben. Weil sie aber im Vertrauen auf eine Vision lebten, machten Sie sich auf in das gelobte Land.

Auch wir sind auf Wanderschaft, entweder gefangen in der Ungerechtigkeit der Welt, gefangen von Armut auf der einen und völlig sinnleerem Wohlstand und Kaufrausch auf der anderen Seite. Nicht nur die verfolgten Christen in Rom brauchten den zukünftigen Christus, eine bessere Welt, eine Vision. Wenn wir nicht unsere Vision vom Wirtschaftswunder und vom christlichen Abendland schon hinter uns haben wollen, brauchen wir sie umso nötiger, um Ziele und Zukunft zu haben.
Zuletzt sein noch die Hoheitszeichen Jesu erklärt, der zugleich Priester und König und Richter sein wird. Das lange Gewand ist das Zeichen des Hohenpriesters, der goldene Gürtel ist Zeichen des Königs, das zweischneidige Schwert das des Richters. Er ist als Hohepriester die einzige Verbindung zu Gott: Niemand kommt zum Vater denn durch ihn. Er regiert als König die Welt. Er richtet die Welt.
Dazu kommt noch ein Hoheitszeichen, das der Menschensohn im Judentum nicht hatte. Er bekommt die Schlüssel über Tod und Hölle. Wenn Sie so wollen: Er kann den Glaubenden das Paradies aufschließen und das Reich Gottes eröffnen. Und er kann das Böse für immer gut wegschließen in der Hölle, sodass es niemand mehr etwas anhaben kann. Welch eine Vision für Christen, deren Leben von bösen Mächten bedroht war oder ist! Und für uns? Sowohl der historische Materialismus des Marxismus als auch der Kapitalismus haben den Menschen in eine ewige Gegenwart ohne Zukunft verbannt und diese Bilder als Jenseitsvertröstung bezeichnet. Wer aber vertröstet wirklich? Wer tröstet sich in Wahrheit darüber hinweg, dass in seiner Welt nach den Katastrophenszenarien der Umwelt-, Klima- und Finanzkrisen nichts mehr kommt?
Der Schreiber der Johannesoffenbarung sieht Weltreiche wie das Römische untergehen, wenn das Reich Gottes kommt. Kurz nach dem Untergang des Nazireiches sprach der Christ und Politiker Gustav Heinemann einen Satz, der auch eine zusammenfassende Überschrift der Johannesoffenbarung sein könnte: „Die Herren der Welt gehen. Unser Herr kommt!“[3)]
Wir erleben vielleicht nicht die Plagen der Endzeit, von denen Johannes schreibt. Aber wir haben vor 20 Jahren erlebt, wie mit der Sowjetunion das eine Weltreich zerbrochen ist, und wir erleben in der Finanzkrise, dass auch das kapitalistische System gelinde gesagt wackelt. Welch ein Realismus spricht aus dieser Offenbarung, welch eine Hoffnung „trotzdem“, während am anderen Ende eifrig die „Realisten“ an den Börsen und in den Konferenzen und Parlamenten nahezu in Panik verfallen. Sie haben keine Vision mehr, kein „Danach“, kein „Jenseits“, an das sie glauben können.
Es ist Diesseitsvertröstung, wenn man uns statt des Paradieses bei Gott ein Schwimmparadies und ein Urlaubsparadies in der Werbung verkauft.

Es ist Diesseitsvertröstung, wenn der Kampf zwischen Gut und Böse nur noch einen Platz hat in Fantasyspielen auf dem Computer und in kommerziellen Science-Fiction-Filmen.
Es ist Diesseitsvertröstung, wenn unsere Bilder nicht mehr aus biblischen Visionen stammen, sondern aus der Flimmerkiste.
Es ist Diesseitsvertröstung, wenn statt des ewigen Lebens unsere Hoffnung nur noch ist: „Wir wollen dich immer im Gedächtnis behalten". Das können wir gar nicht immer und ewig, weil wir selbst sterben werden. Und wenn keiner mehr lebt, der an mich denkt? Das ewige Leben dauert länger.
Es ist Diesseitsvertröstung, wenn wir emsig daran forschen, vielleicht 120 Jahre alt zu werden, damit wir die Renten nicht mehr bezahlen können, statt an das ewige Leben zu glauben und an ein Reich der Fülle, wo man sich um Lebensunterhalt und Rente keine Sorge mehr machen muss.
Es ist Diesseitsvertröstung, wenn wir meinen, unserem Älterwerden durch Facelifting ein Schnippchen schlagen zu können.
Es ist Diesseitsvertröstung, wenn sich die Vereinigten Staaten unter Georg W. Bush gebärdeten, das Reich des Guten zu sein. Das Reich des Guten ist im Himmel und unser Herr heißt Jesus. Die erste Barmer These lässt grüßen. Wir Christen haben keine anderen Mächte und Erlöser als Jesus Christus allein.
Es ist überhaupt nicht an der Zeit, die Bilder in der Bibel zu entmythologisieren. Es ist an der Zeit, den menschlichen Glauben an die eigene Unfehlbarkeit und Unendlichkeit zu entmythologisieren.
Es ist an der Zeit, an einen endzeitlichen König und Richter und Priester zu glauben, der alles in den Schatten stellt, was an Unrecht durch menschliche Macht, menschliche Justiz und von Menschen gemachte Religion geschieht. Es ist an der Zeit, den Mythos der Selbstgerechtigkeit zu kappen! Es ist an der Zeit, eine Vision zu haben, dass der Mensch seine Grenzen erkennt. Es ist an der Zeit, nicht die Visionen der Offenbarung zu entmythologisieren, sondern den Glauben des Menschen an den technischen und humanitären Fortschritt, der uns mitunter an den Rand einer apokalyptischen Umweltkatastrophe treibt. Helmut Gollwitzer[4)] soll einmal gesagt haben, der Himmel sei notwendig als Kritik der Erde, des Bestehenden. Und ich sage gut evangelisch: Weil nobody perfect ist oder mit Luther, weil alle Menschen Sünder sind, ist eben der Himmel und sind Visionen notwendig, damit wir nicht meinen, wir lebten hier im Paradies, obwohl weltweit Millionen an Menschen verhungern oder gefoltert werden. Es lenkt überhaupt nicht von der Realität weg und ist keine Jenseitsvertröstung, solche Visionen zu haben, die uns helfen, unsere eigene Endlichkeit zu sehen und auf etwas Besseres zu warten.

Ich gebe es zu, am Anfang dachte ich: Ein Text aus einer fernen Welt, ein Trost für eine bessere Zukunft denen, die es nicht so gut haben. Doch je länger ich nachdenke, desto mehr merke ich: Ein Text auch, um uns die Grenzen aufzuzeigen. Ein Text gegen unsere Armut an Visionen. Ein Text gegen unsere Armut an Glauben und Hoffnung. Wir sagen: „Wer Visionen hat, soll zum Arzt gehen.“ [1)] Dabei sitzen Tausende beim Arzt, weil sie Depressionen haben, und eben keine Lebensvision mehr haben! Wir können es uns eigentlich nicht erlauben, keine Vision zu haben. Wir sollten die Visionen nicht den Märchen, der Werbung und dem Science-Fiction überlassen. Es wäre zu schade darum. Amen.

Anmerkungen:

1) Zitat aus dem Bundestagswahlkampf 1980 nach: www.wikiquote.org. Artikel „Helmut Schmidt“: „Wer Visionen hat, soll zum Arzt gehen.“.

2) Die Symbole im Folgenden sind erklärt bei Lohse, E., Die Offenbarung des Johannes, NTD 11, Göttingen/Zürich (Vandenhoeck&Ruprecht) 1988 [14], 19-23.

3) Gustav Heinemann (1950), zitiert nach einer Predigt-Überschrift von Steffen Hunder. Predigt auf www.predigtpreis.de

4) Gollwitzer, H.; Die marxistische Religionskritik und der christliche Glaube. Gütersloh (GTB Siebenstern 33) 1970. Spannend ist, dass Gollwitzer offensichtlich Karl Marx’ Kritik an Hegel ins Positive zurückdreht, sobald der Himmel nicht mehr der Jenseitsvertröstung, sondern der Kritik und Veränderung des Bestehenden dient. Marx meinte Hegel vom Kopf auf die Füße gestellt zu haben und Gollwitzer dreht ihn wieder um. Marx schrieb: “Die Kritik der Religion ist also im Keim die Kritik des Jammertales, dessen Heiligenschein die Religion ist. Die Kritik des Himmels verwandelt sich damit in die Kritik der Erde ...“ (Karl Marx: Zur Kritik der Hegelschen Rechtsphilosophie. 1843–1884, in Karl Marx/ Friedrich Engels – Werke, Berlin (Dietz-Verlag) 1976, Band I, S. 378ff. Zitiert nach wikipedia.de/ Artikel Religionskritik 6.6. Karl Marx)

Disclaimer: Für die angeführten Internet-Seiten sowie darauf befindliche Links übernehme ich keine inhaltliche Verantwortung.

**„Das Reich Gottes für Last-Minute-Bucher -
Wo bleibt da Gottes Gerechtigkeit?“
Predigt über Matthäus 20,1-16
Septuagesimae 2009 - gleichzeitig: Partnerschaftssonntag des Kirchenkreises Schwelm mit Christen in Westpapua**

Liebe Gemeinde,

als meine Schwester noch in den Kindergottesdienst ging und ich noch nicht, da erzählte sie mir: „Heute haben wir aber eine doofe Geschichte gehört. Da kriegen die einen, die den ganzen Tag gearbeitet haben, genau so viel wie diejenigen, die nur eine Stunde gearbeitet haben.“ Es ist unschwer zu erkennen, dass das Gleichnis von den Arbeitern im Weinberg im Mittelpunkt des Kindergottesdienstes stand.
Und wenn Kinder eins haben, dann ist das Gerechtigkeitssinn. Meine Schwester achtete genau darauf, dass sie auch bei Geschenken nicht mehr und nicht weniger bekam als ich.
Aber was ist Gerechtigkeit? Die Debatte ist in der Politik reichlich aktuell. Die einen haben zum obersten Prinzip „Mehr Leistung muss sich lohnen.“ Anreize für die besonders Fleißigen und Leistungsfähigen müssen geschaffen werden. Und wenn die genug erarbeiten, dann kann man etwas, aber den kleineren Teil an die weniger Leistungsfähigen geben. Das wäre kurz gesagt, der Ansatz der Liberalen und der Marktwirtschaft. Und je mehr dabei für die Schwächeren noch abfällt, desto mehr ist das eine soziale Marktwirtschaft.
Natürlich gibt es auch das andere Extrem: Man will die Menschen möglichst gleich behandeln, unabhängig von den Gaben, und jedem das Gleiche zu geben. Das wäre, verkürzt, der andere Ansatz des Sozialismus. Es ist hier weder die Zeit noch der Ort für politische Debatten und Standortbestimmungen. Aber ich kann beide Ansichten an Hand des Predigttextes verstehen. Vielleicht wäre ich genauso sauer, wie die, die total abgearbeitet sind, weil sie zwölf Stunden Knochenarbeit im Weinberg hinter sich haben, auch in der sengenden Hitze. Aber dass nun jeder Mensch ein Recht hat, sein tägliches Auskommen zu haben, leuchtet mir noch mehr ein. Und dieser Denar, den alle bekamen, war nicht mehr und nicht weniger als die Summe, die eine Familie mit vier Kindern für einen Tag zum Leben brauchte. Soll man die, die keine Arbeit gefunden haben, vor lauter „Gerechtigkeits“-Sinn hungern lassen? Sie waren ja nicht faul, sie hatten ja nicht einmal die Chance zu arbeiten. Und dass bei

unterschiedlichen Startpositionen unterschiedliche Ergebnisse herauskommen, weiß man nicht erst seit der Formel 1.
Es scheint also zwei „Gerechtigkeiten“ zu geben. Die eine ist die Gerechtigkeit nach Leistung. Die andere ist die Gerechtigkeit der Verteilung. Und darüber kann man endlos debattieren und jeder hat Recht. In unserem Lande besteht der Anspruch auf ein Minimum an Lebensunterhalt zum menschenwürdigen Leben und ein Steuersystem, in dem diejenigen, die mehr verdienen, auch mehr bezahlen.
Spannender ist wohl die Zwischenfrage: Gibt es im Himmel auch Unterschiede? Jesus erzählt uns doch ein Gleichnis, in dem auf Erden beschrieben wird, wie es im Himmel aussieht. Meinen Sie, dass im Himmel alle gleich sind, oder dass es doch Unterschiede gibt?
Sicher scheint mir, dass es im Himmel keinen Mangel mehr gibt. Denn Jesus hat uns ein Leben in Fülle versprochen. Also wird es wohl keine Not mehr geben und keinen Hunger. Ob es Unterschiede gibt, oder ob alle gleich sind? Spontan würde ich zwar sagen, im Himmel gibt es keine Unterschiede mehr, aber ob mir die Bibel recht gibt, weiß ich nicht. Es gibt zumindest den Rangstreit der Jünger um die Ehrenplätze rechts und links von Jesus. Und Jesus sagt nicht, dass der Streit unsinnig ist, weil alle im Himmel gleich sind. Es scheint Größere und Kleinere zu geben, denn er sagt, dass der, der allen anderen dient, der Größte im Himmel sein wird. Das nährt in mir einen anderen Verdacht: Im Himmel gibt es weder eine Leistungs- noch eine Verteilungsgerechtigkeit, sondern eine ausgleichende Gerechtigkeit: Wer hier klein ist, ist dort groß. Wer hier dient, dem wird gedient. Wer hier leidet, wird sich dort freuen. Wer hier keine Chance gehabt hat, bekommt sie bei Gott. Erinnern wir uns an jenen Gelähmten am Teich Bethesda, der auf Grund seiner Behinderung keine Chance hatte, geheilt zu werden, weil andere immer schneller waren als er. Jesus heilt ihn, aber nicht alle, die dort auf eine Heilung warten.
Die ausgleichende Gerechtigkeit steht in der Programmrede Jesu, der Bergpredigt ganz vorne. Die Bergpredigt beginnt mit der ausgleichenden Gerechtigkeit der Seligpreisungen. Wer hier arm ist oder leidet, oder trauert, der wird von Jesus schon hier und jetzt selig gesprochen. Genau wie die Seligpreisungen der Benachteiligten nur bei Matthäus stehen, überliefert er auch als Einziger das Gleichnis von den Arbeitern im Weinberg als Gleichnis der ausgleichenden Gerechtigkeit.
Das ist kein Zufall. Nicht wer an und für sich arm oder traurig ist, aber wer um des Reiches Gottes Willens leidet, der wird zum Ausgleich dafür selig werden. Genau vor unserem Predigttext steht auch, wie die Jünger die ausgleichende Gerechtigkeit erfahren werden: Wer für das Reich Gottes

sein Haus verlässt, und damit alle seine Sicherheiten und seine Heimat aufgibt, um mit Jesus umherzuziehen, der wird als Ausgleich dafür das Hundertfache im Himmel erhalten. Mit der ausgleichenden Gerechtigkeit Gottes korrespondiert aber noch ein anderes Thema:
Der Neid derer, die meinen, nicht so beschenkt zu werden. Gott verteidigt sich so auf die Vorwürfe: Ich habe mein Versprechen doch gehalten und jedem von euch den versprochenen Lohn von einem Denar gezahlt. Also was wollt ihr? Bin ich nicht frei, von dem was ich habe, auch anderen gegenüber großzügig zu sein und ihnen zu schenken? Natürlich darf Gott das. Ihm gehört ja alles. Warum soll er nicht die einen gerecht entlohnen, und den anderen das Lebensnotwendige aus Liebe schenken dürfen?
Doch damit hatte schon meine ansonsten sehr liebe und bescheidene Oma ein Problem. Sie musste im Altenheim ihre ganze Pension als Beamtenwitwe abgeben und ärgerte sich, dass die von der Fürsorge, wie sie sagte, also die Sozialhilfeempfängerinnen, unter dem Strich genau dasselbe erhielten wie sie. Dass nicht sie selbst, sondern wenn überhaupt mein verstorbener Opa die Ansprüche erworben hatte, übersah sie dabei.
Also bekamen eigentlich beide etwas geschenkt, was sie sich nicht selbst verdient hatten, die „von der Fürsorge“ und meine Oma als Beamtenwitwe auch. Auch das wäre ja mal ein Ansatz: Denn sowohl die einen, als auch die anderen haben sich den Himmel ja auch nicht wirklich verdient, sondern Christus hat ihn für uns verdient.
Und - so würde ich sagen - schon in diesem Leben glauben zu dürfen, ist an sich schon eine Gnade, und nicht eine lästige Pflicht, die mir Gebote und einen zwanghaften Lebensstil auferlegt. Je zufriedener ich mit meinem eigenen Glauben und Leben bin, desto weniger habe ich es nötig, anderen Menschen die Gnade Gottes und das Heil zu neiden. Leider ist der Neid eine treffliche Aussage darüber, dass die, die sich beschwert haben, Gott nicht gerne gedient haben, denn sonst hätten sie sich gefreut, länger zu ihm dazuzugehören als andere. Ihnen hat die Knochenarbeit in Gottes Weinberg keinen Spaß gemacht, sie war nur Mittel zum Zweck. Und weil sie nicht gerne gearbeitet haben, sind sie neidisch auf die, die weniger gearbeitet haben. Wer anderen die Gnade neidet, glaubt schlicht und ergreifend freudlos und das passt nicht zum Evangelium, das eine frohe Botschaft ist. „Was seht ihr, so stand es im alten Luthertext, „scheel drein“, nur weil ich so gütig bin.“ Dazu kommt: Die da zuletzt noch eingestellt werden, werden ja vom Werber gefragt, warum sie so untätig herumstehen, also ob sie etwa faul sind. Und als erst als sie das verneinen, denn sie wollten ja arbeiten, aber niemand hätte sie eingestellt, bekommen sie ihre Chance. Die Güte des Herrn besteht also darin, jedem seine Möglichkeit zu geben und jedem

den Zugang zum Himmel zu ermöglichen. Bei der Gnade Gottes gibt es keine Fleißkärtchen und kein Punktesystem. Wer von Geburt an im Glauben aufgewachsen ist, und wer danach gelebt hat, ist Gott nicht mehr und nicht weniger lieb als derjenige, der erst im letzten Moment dazu kommt. Das ist sogar Gift für die Mission: Passen Sie auf, wenn Sie Ihren Nachbarn zum Glauben bringen, dass er Ihnen nicht den Logenplatz im Himmel wegnimmt! Wir merken, wie widersinnig das ist.
Das berühmteste Beispiel für Last-Minute-Gnade ist wohl der Schächer am Kreuz, der eigentlich nichts vorzuweisen hat. Er sagt sogar, dass er den Tod verdient hat und nicht Christus. Aber gerade auf Grund dieses Bekenntnisses und dieser Einsicht im letzten Moment bekommt er gesagt: „Heute noch wirst du mit mir im Paradiese sein."
Hier und auch im Gleichnis vom verlorenen Sohn scheint mir sehr deutlich zu sein: Gott schließt die Alteingesessenen mit den älteren Rechten nicht aus. Er tut es noch nicht einmal, obwohl sie so eifersüchtig und neidisch auf die Neuen sind. Gott sieht den Neid, kritisiert ihn, aber gibt trotzdem noch jedem seinen Anteil: Nimm, was dein ist, und geh! Geh, aber nimm was dein ist. Den Lohn nimmt er nicht wieder weg.
Umgekehrt glaube ich nicht, dass Bedürftigkeit allein der Maßstab Gottes ist. Der Mensch hat schon eine Verantwortung zur Mitarbeit, zunächst im Garten Eden, dann später am Reich Gottes. Denn schon im Garten Eden hatte der Mensch zu arbeiten, nämlich den Garten zu bebauen und zu bewahren. Das heißt aber für mich: Jeder hat ein Recht auf Arbeit. Die Pflicht auf Arbeit gibt es auch, aber eben nur im Rahmen der Möglichkeiten, die die Menschen haben. Wer nicht arbeiten will, steht vor Gott nicht gut da. Aber wer nicht arbeiten kann, wird nicht dafür bestraft, dass andere bessere Chancen hatten. Diejenigen, die sich beschweren, haben eigentlich Glück gehabt. Sie hatten das Glück, gleich eine Arbeit gefunden zu haben Sie hatten nur das selbstverschuldete Pech des Neides, sich mit anderen verglichen zu haben. Hätten Sie das nicht getan, so wären sie zufrieden gewesen mit dem, was sie ausgehandelt hatten.
Ich übertrage das jetzt auf unseren Partnerschaftssonntag mit Westpapua. Ihnen dürfte aus unserer jahrelangen Arbeit heraus bekannt sein, dass es in diesem Land viele Rohstoffe gibt, die dem Wohlstand der westlichen Welt, vor allen Dingen den Wohl amerikanischer Minenbetreiber dienen und dem Wohlstand der weißen Indonesier auf den anderen Inseln. Die Papua hingegen, die im Land wohnen, kommen schlecht dabei weg, weil sie schlicht nicht diese Möglichkeiten gehabt haben. Sie hatten kein Kapital, um sich Land zu kaufen. Sie hatten nicht das technische Knowhow um das Land auszubeuten. Sie sind, im Sinne der Entwicklung der Menschheit, die

zu spät Gekommenen, die keine Chance auf die Ernte hatten, obwohl ihre Vorfahren schon immer in diesem Land gewohnt haben.
Die Stiftung Westpapua des Kirchenkreises setzt den richtigen Hebel an. Sie fördert Schulbesuche und Stipendien derer, die benachteiligt sind. Diese Menschen können nichts dafür, dass die weißen Amerikaner oder die Indonesier von den anderen Inseln bessere Bildungschancen hatten. Westpapua hat sich vor gut hundert Jahren noch in der Steinzeit befunden, obwohl die Menschen auf dem Kupfer und den Rohstoffen saßen. Die Formel „wer mehr leistet, verdient auch mehr“ lässt sich hier schon auf Grund der ungleichen Chancen nicht verantworten.
Und nun schließt sich für mich der Kreis: Ich sagte eingangs, die Gerechtigkeit Gottes sei immer eine ausgleichende Gerechtigkeit. Denen, die es auf Erden schwer haben, verspricht er das Reich Gottes, aber nicht damit auf Erden alles so bleibt, wie es ist. Die Änderung der Verhältnisse begann schon mit jedem Behinderten, den Jesus heilte, weil er nun gleiche Chancen erhielt. Sie begann schon früher mit jedem israelitischen Sklaven, den Gott aus Ägypten befreit.
Ein letztes: Nicht der Neid, aber ein sanftes Bemitleiden stand oft in dem Verhältnis der Europäer zu den Bewohnern anderer Kontinente. Man stand ja auf einer höheren Stufe, war besser entwickelt, hatte also die bessere Technik und auch die bessere Religion.
Wenn man es spitz formuliert, dann war die Mission in Südamerika ein Tauschgeschäft. Mit den hehren Zielen, den Menschen den Glauben nahe zu bringen, kassierten allen voran die Spanier in Südamerika das Gold. Es war ein Tauschgeschäft mit den Indianern, wenn man zynisch ist: Gold gegen christlichen Glauben, Geld gegen Seelenheil. Dies war also nicht nur im Ablasshandel so, sondern auch bei der Überrumpelung der Indianer durch die Europäer. Darüber, welche Schätze dem Herrn im Himmel lieber sind, das Gold oder der Glauben, brauchen wir wohl nicht zu diskutieren. Und genau, weil sich diese Entwicklung nicht wiederholen soll, ist es unsere Aufgabe, den Glauben diesmal anders zu vermitteln, nämlich auch als Hilfe, gleiche Chancen zu erhalten.
Einen anderen Ansatz übrigens vertrat Albert Schweitzer. Er baute nicht zuerst Gold- und Kupferminen, sondern Krankenhäuser. Dabei ging er im tropischen Klima als Arzt bis an die Grenze seiner eigenen Gesundheit. Wir werden uns wundern, noch in anderer Hinsicht. Zu den wirklich bereichernden Erfahrungen meines Lebens gehörte es, mit Christen aus anderen Kontinenten als Student in der Hausgemeinschaft des Ökumenischen Studentenheims in Heidelberg gewohnt zu haben. Damit wir uns nicht vertun: Die Mitbewohner waren nicht Papua. Es waren schon

Privilegierte, die zum Teil von Ihren Ländern teure Stipendien bekamen, um in Deutschland studieren zu können. Und dennoch meinte ich deutlich wahrzunehmen, dass dieses Christentum derer, die nach der Uhr im Weinberg auch erst im letzten Jahrhundert, also sehr spät zum Glauben gekommen sind, frischer und in vielem lebendiger war, als in unserem Deutschland, der Hochburg der gesamten evangelischen Theologie. Wer die Papua im vergangenen Sommer hier zu Besuch erlebt hat, hat erlebt, wie viel frischen und lebendigen Glauben sie, auch in Musik und Tanz, in sich hatten, wie sie uns Europäer bereichern konnten mit ihrer Begeisterung.
Wir sollten uns freuen und staunen über die Größe Gottes, denn das Christentum wächst weltweit. Wir aber jammern, dass in Deutschland Kirche immer kleiner wird, weil wir nur unser begrenztes Umfeld sehen. Wir sind, zumindest von unserer Geschichte her, länger im Weinberg als die jungen Missionskirchen. Wie aber werden wir auf die schauen, die neu sind im Weinberge Gottes? Das Ende ist offen, weil die Frage keine rhetorische, sondern eine offene Frage an uns ist. Amen.

„Glauben light ist Versuchung pur“
Predigt über Markus 8,31-38
Estomihi 2009

Liebe Gemeinde,

Ich fasse noch einmal zusammen: Jesus sagt den Jüngern an, dass er zum Kreuz gehen und sterben muss. Petrus will ihn als Freund davon abhalten und erhält die derbste aller Abfuhren: „Hau ab, du Satan“! Ungewöhnlich hart und streng reagiert Jesus hier auf seinen besten Freund und Mitarbeiter Petrus. Es hat sehr lange gedauert, bis ich überhaupt verstanden habe, warum er ihn einen Satan nennt. Das ist so ziemlich die härteste Beleidigung und der schlimmste Angriff, den ich mir für einen kirchlichen Mitarbeiter vorstellen kann: „Geh weg, von mir, Satan“! Was hat er denn so Schlimmes gemacht? Er wollte seinen besten Freund Jesus vor der Gefahr warnen. Er wollte ihn nicht leiden sehen. Er meinte es doch gut. Würden Sie als Freund nicht auch versuchen, Jesus von diesem Himmelfahrtskommando Kreuz abzuhalten? Es ist geradezu ein Liebeserweis, das Petrus so reagiert. Und er erntet dafür diese Worte „Geh weg von mir, Satan“. Warum hat Jesus auf so viel Liebe so schroff reagiert? In den Büchern des Studiums wurde mir das nicht klar. Dann sah ich als Vikar den damals umstrittenen Film. „Die letzte Versuchung“ von Martin Scorsese. Der Film verdeutlichte, was passiert wäre, wenn Jesus den Weg bis zum Kreuz nicht konsequent zu Ende gegangen wäre. Wichtig waren die Schluss-Szenen. Jesus hängt am Kreuz. Unter dem Kreuz steht ein kleines Mädchen, das Jesus sagt, er müsse nicht leiden. Ganz sanft entfernt sie die Nägel an Händen und Füßen und Jesus kommt noch einmal frei. Er führt noch einmal ein ganz normales Leben. Er heiratet Maria Magdalena und gründet eine Familie. Er übt sein Handwerk als Zimmermann aus. Am Ende landet er auf dem Sterbebett. Vier Jünger finden ihn und fragen, was denn nun mit der Erlösung ist, auf die sie gewartet hätten. Der Teufel verhöhnt ihn schon: „Nun kannst du nichts mehr tun“! Jesus schleppt sich mit letzter Kraft vom Sterbebett hoch und hängt in der nächsten Filmszene wieder am Kreuz. Schließlich stirbt er, wie im Evangelium, doch mit den Worten „Es ist vollbracht“ am Kreuz. Es wird deutlich: Es war alles nur ein Traum. Es war ein Was - wäre - passiert - wenn, wenn er eben eines natürlichen Todes und nicht am Kreuz gestorben wäre, wenn er im letzten Moment den leichteren Weg gewählt hätte.

Nachdem Jesus die Worte „Es ist vollbracht“ ausgehaucht hat, verwandelt sich im Film das Kind unter dem Kreuz, das ihn befreien wollte, in eine verzehrende Flamme, die den Teufel darstellt. Es wird dem Zuschauer deutlich, wer hinter dem so unschuldig aussehenden Mädchen, das Jesus vom Kreuz holen wollte, steckte, und dass alles nur ein Traum war. Der Teufel wollte, mit dem Engelsgesicht eines kleinen Mädchens getarnt, Jesus von seiner göttlichen Bestimmung abhalten. Und Jesu Bestimmung war es, für die Menschen am Kreuz zu sterben.
Die gleiche Versuchung spricht in unserem Predigttext Petrus aus. Er will nicht, dass Jesus leidet. Und damit hätte er, ohne es zu wollen, den göttlichen Plan von der Erlösung zerstört, wenn Jesus auf ihn gehört hätte. Genau deshalb weist Jesus den Petrus so hart zurück.
Man muss unterscheiden zwischen einer Anfechtung und einer Versuchung. Die Anfechtung geht einen hart an. Man erkennt sie sofort. Das Kreuz ist so eine Anfechtung. Die Versuchung dagegen tarnt sich. Es ist bezeichnend, dass der Teufel hier nicht als Mann mit Hörnern auftritt, sondern in Gestalt des Freundes Petrus. Die sogenannten zarten Versuchungen sind viel gefährlicher als die Harten. Ja, wenn es denn so ist, dass der Wolf im Schafspelz für uns und unseren Glauben viel gefährlicher ist als der Wolf im Wolfspelz, dann leben wir in einer sehr gefährlichen Welt. Es gibt kaum Situationen, in denen wir für unseren christlichen Glauben mit Gewalt bedroht werden oder gar sterben müssten. Aber die Welt ist voller sanfter Verführungen, die zunächst mit Lustgewinn sind. Mit Lustgewinn tarnt sich die Sucht, bis sie einen hat. Und der Traum, alles Leid vermeiden zu können, ist der Traum, jetzt schon im Paradies zu leben und nicht auf der Erde.
Zur Zeit der ersten Christen war klar, dass sich in Gefahr begibt, wer sein Christsein offen bekennt. Es gab noch Christenverfolgungen. Da waren Schwarz und Weiß, gut und Böse noch klar zu sehen. In autoritären Staaten wurde meistens sehr klar, wann Christsein Verfolgung bedeutet. Aber ist das nicht weit weg - leben wir nicht in einer Demokratie? Im Computerlexikon Wikipedia steht über den Gelsenkirchener Pfarrer und späteren Theologieprofessor Ernst Käsemann: „Er führte die Gemeinde auf den Weg des Widerstandes gegen den Nationalsozialismus“[1)]. Ich denke: Das wird eine klare Entscheidungssituation gewesen sein. Hier hatte ein klares Bekenntnis, gefährliche Konsequenzen. Ich weiß, dass es in Gevelsberg Spitzel unter der Kanzel gab. Da wurde jedes Wort mitgeschrieben und Pfarrer wurden polizeilich verhört. Ich danke Gott, dass ich in einem freien Staat lebe, wo ein Bekenntnis zu Gott weniger Mut erfordert. Aber mir geht es darum: Da ist einer offensichtlich nicht den

bequemeren Weg gegangen, sondern seinem Gewissen und seiner Bestimmung gefolgt: „Wer mir nachfolgen will, der nehme sein Kreuz auf sich", sagt Jesus zu Petrus. Woher die Kraft dazu nehmen? Allein könnten wir so etwas gar nicht schaffen, sondern nur in der Nachfolge Jesu. Weil Jesus uns auf solch schwierigen Wegen schon vorausgegangen ist, dürfen wir ihm nachfolgen: „Jesu geh voran, auf der Lebensbahn"!

Bei seiner Tochter Elisabeth Käsemann finde ich mindestens zwei Situationen, in denen sie sich wohl für den schweren Weg entschieden hat. Einmal steht in meinem Computerlexikon „Ende September 1968 reiste sie für ein Praktikum nach Bolivien. Sie wollte nach Lateinamerika gehen, um gegen die Armut und Ungerechtigkeit zu kämpfen." [1)]

Das war die erste Entscheidung, die ich fand. Das war kein bequemer Weg. Der zweite Satz über Elisabeth Käsemann im Computerlexikon war „Sie wurde als Mitglied einer politischen oppositionellen Gruppe während der damaligen argentinischen Militärdiktatur ... verhaftet, gefoltert und schließlich ... hingerichtet." [1)] Hier stockt mir der Atem und mir fehlen die Worte, das überhaupt zu kommentieren. Ich empfinde nur Ehrfurcht, wie ein Mensch für andere Menschen und für Gott soviel Kraft und Mut aufbringen kann. Aber was wäre anders gelaufen, wenn sie den leichteren Weg gewählt hätte? Ich hätte sie nicht im Internetlexikon gefunden. Das wäre an und für sich nicht tragisch gewesen. Aber tragisch wäre es gewesen, wenn ich sie nicht gefunden hätte, weil sie ihre Gott gegebene Bestimmung verpasst hätte. So kann ich den Satz Jesu hören: „Wer sein Leben retten will, der wird es verlieren. Und wer sein Leben verliert, der wird es erhalten." Aber ich räume ein, dass das gefährliche Sätze sind. Denn wenn ich von Bestimmung rede, will ich damit nicht das Leid rechtfertigen, dass man ihr zugefügt hat. Das sage ich deshalb, weil die Auferstehung, die Gott dem Gekreuzigten geschenkt hat, sein lebendiger Protest dagegen war, dass das von Menschen zugefügte Leid das letzte Wort behält. Auch Jesus hätte zunächst seine Haut retten können, dann hätte er aber mit dem Tod sein Leben später, aber endgültig verloren. Weil er aber seiner Bestimmung gefolgt und gestorben ist, hat er sein Leben und seine Bedeutung für uns behalten.

Wir sind, einschließlich der Konfirmation, oft mit dem Strom geschwommen statt gegen den Strom. Was es aber heißt, gegen den Strom zu schwimmen und für den Glauben Nachteile in Kauf zu nehmen, ist auch nicht allzu weit weg. Ich erfuhr es als Tourist. Es war 1996, sieben Jahre nach der Wende, in der ehemaligen DDR. Die Erinnerungen der Menschen an das alte System waren noch frisch. Ich machte auf der Fahrt nach Berlin einen Zwischenstopp in Magdeburg, weil ich die Stadt noch nie gesehen hatte. Durch einen Zufall kam ich in ein Gespräch mit einer Küsterin. Sie erklärte mir, am Beispiel ihrer Tochter, was Christsein im alten System der DDR bedeutete. Ihre Tochter musste sich mit 14 entscheiden, ob sie zur Jugendweihe oder zur Konfirmation wollte. Spätere berufliche Nachteile waren nicht ausgeschlossen. Vielleicht durfte sie einmal nicht studieren, wenn sie sich konfirmieren ließ.

Die Lehrerin machte Druck und log. Sie versuchte, die beiden Schülerinnen der Klasse, die sich konfirmieren lassen wollten, am Tag zuvor noch umzustimmen. Sie machte bei beiden einen Hausbesuch. Beiden erzählte sie, die andere hätte ihr gerade gesagt, dass sie doch zur Jugendweihe ginge. Zum Glück ließen sich beide nicht vom Weg abbringen und werden wohl ein Leben lang nicht vergessen, dass man sich bei der Konfirmation wirklich für Gott entscheiden muss. Der Weg war mit Nachteilen besetzt und nicht mit Geschenken versüßt. Da musste das Ende dieses Staates doch auf Christen befreiend gewirkt haben - oder? Ich habe noch, mit einem denkwürdigen Satz von Albrecht Schönherr, dem letzten Bischof der ehemaligen DDR, aus dem Jahr der Wende, im Ohr. Er soll befürchtet haben, dass auf das Zeitalter des Kommunismus nun das Zeitalter des Konsumismus folge.[2)] Er mag geahnt haben, dass die Versuchung des Konsums mindestens so gefährlich für den Glauben sein kann wie eine Situation, in der man sich auf äußeren Druck hin klar positionieren muss. Wer sich im Kommunismus für die Konfirmation entschied, bekam Nachteile zu spüren. Wer sich bei uns für die Konfirmation entscheidet, bekommt Geld und Geschenke, sofern es sich die Familie leisten kann. Ich frage mich nun, in welchem System den Jugendlichen selbst deutlicher wurde, dass sie sich für Gott entscheiden sollten. Die zarten Versuchungen sind gefährlicher als die Harten.

Wir waren selbst erschreckt, als wir einmal etwa 16, 17-jährige Jugendliche in unserer Fußgängerzone fragten, ob sie schon einmal bewusst nach einem Bekenntnis ihres Glaubens gefragt worden sein. Da Gevelsberg mehrheitlich evangelisch ist, waren viele von ihnen konfirmiert. Aber Ihnen war nicht mehr bewusst, dass sie da öffentlich nach ihrem Glauben im Gottesdienst gefragt worden sind. Wir haben es ihnen gesagt und sie haben es vergessen. Wahrscheinlich hat die Konfirmation für sie eben doch nicht diese Bedeutung gehabt, dass sie dort öffentlich ihren Glauben bekannten. „Ach ja, natürlich“, war ihre erstaunte Reaktion, als wir sie dran erinnerten. Und ich wette mit Ihnen, dass das Mädchen von Magdeburg damals, auch heute wohl als Mittdreißigerin eine Erinnerung haben wird, dass sie wirklich ernsthaft nach ihrem Glauben gefragt worden ist - oder

nicht? Unsere Jugendlichen haben sich bei der Konfirmation oft nicht entschieden, diese Mädchen schon - sie mussten es.
Auf dem Markt gibt es Produkte, die sind „light“. Sie kennen Cola light und Krombacher light und Käse light. Das sind Produkte des entschiedenen Sowohl - als auch. Sowohl essen und trinken, als auch nicht dick werden. Sowohl Bier trinken, als auch noch Autofahren. Diese Produkte haben nur Vorteile und keinen Nachteil, bis auf einen. Manche sagen: Was nichts Halbes und nichts Ganzes ist, das schmeckt auch so.
Wir haben nicht Cola light, aber „Glauben light“, denke ich manches Mal. Sowohl - als auch, nichts Halbes, nichts Ganzes. Sowohl Konfirmation, als auch Geschenke. Sowohl sonntags ausschlafen, als auch Christ sein. Sowohl ein angenehmes Leben führen, ganz anders als Jesus gelebt hatte, und sich dennoch Christ nennen können. Eigentlich könnten wir Gott danken, dass wir es so leicht haben.
Und dann höre ich immer wieder so Sachen wie: „Irgendwie glauben wir doch all ein bisschen an den gleichen Gott. Für Jesus aber gab es kein Sowohl - als auch. Er kannte keinen Glauben light. Er musste dran glauben, weil er geglaubt hat. Viele von uns glauben irgendwie ein bisschen - vielleicht geht das. Aber Christus ist nicht irgendwie gestorben, sondern am Kreuz. Und er gab nicht ein bisschen, sondern sein ganzes Leben.
Wir leben in einem freien Land mit Glaubensfreiheit. Wir müssen uns nicht unter Sanktionen für den Glauben entscheiden. Das ist anders als bei Jesus oder den Käsemanns. Aber was heißt es dann unter solchen, vergleichsweise leichten Bedingungen, wie wir sie haben, Farbe zu bekennen und nicht nur Glauben light zu leben?
Hieße es etwa das? Wie wäre es, in der Schule nicht mitzumachen, wenn da einer gehässige Witze über Türken oder Juden reißt, weil man bekennt, dass Gott alle Menschen liebt? Dazu gehört Mut.
Wie wäre es, nicht wegzusehen, wenn in der Schule oder am Arbeitsplatz einer gemobbt wird? Man riskiert damit, selbst angegriffen zu werden. Aber hinter dem Gesicht des Gemobbten kann auch Christus stecken, wie er auf dem Weg zum Kreuz verhöhnt wurde.
Wir leben zum Glück nicht in einem Land, das gradlinige Menschen foltert oder benachteiligt. Aber es gibt wohl kleinere Situationen, in denen sich das Gewissen meldet, und das heißt immer, auch Nachteile annehmen, wenn sie kommen. Mehr Beispiele als ich nannte, muss Ihnen das Leben liefern. Aber wie ist das, wenn ich in solchen Testsituationen um des Glaubens Willen den Mund aufmache und Farbe bekenne? Die größte Angst ist doch nicht, verfolgt zu werden wie in einer Diktatur oder berufliche Nachteile in Kauf zu nehmen wie das Mädchen in der DDR.

Unsere größte Angst ist es, plötzlich ganz allein dazustehen, wenn wir, Flagge zeigen, wenn wir nicht mit den Wölfen heulen. Aber stehen wir wirklich allein da? Hinter allem Harten, was wir erleben, gibt es eine Verheißung. Nachfolge heißt: Ich bin dir schon vorausgegangen. Ich kenne den Weg. Du gehst ihn nicht allein. Ich gebe dir die Kraft und du kannst es schaffen, weil ich den Weg, auf dem du nachfolgst, schon vorausgegangen bin. „Jesu geh voran, auf der Lebensbahn". Wir können nicht immer dem Unangenehmen ausweichen. Das hat Petrus versucht und dafür hat er eine harte Antwort Jesu erhalten. Aber wir gehen unseren Weg nie allein: Jesus ist schon vorausgegangen und er geht sie mit. Gerade die schweren Wege ist er schon mitgegangen. Das ist für mich die Hauptaussage und der Trost des Kreuzes. Amen.

Anmerkungen :

1) Alle Zitate über Ernst und Elisabeth Käsemann entstammen den entsprechenden wikipedia-Artikeln „Ernst Käsemann" bzw. „Elisabeth Käsemann".

2) Ein schriftliches Zitat lag mir leider nicht mehr vor. Ich kann mich allerdings gut an das Zitat in einem kurzen Gespräch mit seinem Sohn Johannes im Jahr 2001 im Kloster Drübeck erinnern, der bis dahin den Gemeindekirchenrat unserer Partnergemeinde Berlin-Friedrichshagen leitete.

„Was hat die U-Bahn mit der Passion Jesu zu tun?“
Einführung in den Ökumenischen Kreuzweg der Jugend 2007 [1) -]

Hintergrund: Der Ökumenische Kreuzweg der Jugend 2007 widmet sich Bildern von Bernd Zimmer, die an Berliner U-Bahnhöfen ausgestellt worden sind. Diese sind auf Fotomontagen zu sehen, die die Bilder des Künstlers mit Fotografien aus der U-Bahn verbinden. Die Predigt war meine Einführungspredigt in einer Reihe von insgesamt fünf Passionsandachten.

Liebe Gemeinde,

ja, es war für auch für mich sehr gewöhnungsbedürftig, die Bilder von der U-Bahn mit den Stationen des Kreuzwegs zu verbinden. Wenn man an einen Kreuzweg denkt, hat man doch eher eine Wanderstrecke im Wald in Erinnerung, auf der nach und nach immer ein Bild am Wegrand steht, aber keine U-Bahn. Man denkt vielleicht auch an Passionsspiele in Oberammergau und nicht an permanent etwas nach Teer oder Urin riechende Schächte in der Unterwelt einer Großstadt. Ich war skeptisch, ob U-Bahn-Motive mit der Passion Jesu mehr zu tun haben, als ein afrikanischer Elefant mit dem Eiskunstlauf.
Und dann fiel mir auf: Das Bild der U-Bahn ist sogar unabhängig von dem Berliner Künstler geradezu genial für die Passion Jesu! Gerade weil das Leben in der U-Bahn und das Leben weiter oben auf der Straße zwei getrennte Welten sind, die scheinbar nichts miteinander zu tun haben, und doch ohne einander kaum denkbar sind, ist das so. Ohne die U-Bahn kann die Großstadt nicht mehr leben. Und doch nimmt man oberhalb der Oberfläche so gut wie nichts von dem wahr, was unten geschieht. Man hört nichts, man sieht nichts, aber tief unten spielt sich das eigentliche Leben ab, im Minutentakt. Der Einstieg in die U-Bahn, in die Unterwelt, geschieht, so will es die jüdische Festordnung zum Passahfest, spätabends, an der Nahtstelle zwischen Licht und Dunkel. Der Einstieg ist die Passahfeier und zugleich das letzte Abendmahl Jesu. Das letzte Abendmahl mit den Jüngern ist sozusagen die Rolltreppe nach unten. Das Ticket ist gelöst, Jesus selbst mag Fahrplan und Ziel im Reich Gottes kennen, die Jünger begreifen noch nichts. Es gibt noch einen gezielten herzlichen Abschied, bevor der Zug gleich ganz abgefahren sein wird. Noch ein kurzes Päuschen und dann saugt dieser Moloch aus endlosen Röhren den Hauptakteur auf. Für die sichtbare Welt bleibt er verschwunden, bis er an anderer Stelle wieder auftaucht. Die Frauen bekommen am leeren Grab in Jerusalem gesagt: „Ihr

werdet ihn sehen in Galiläa.“. Dort, an einer ganz anderen Station, erscheint er wieder.
„Hinabgestiegen in das Reich des Todes. Am dritten Tage auferstanden von den Toten“ - unten bewegt sich etwas und oben pulsiert ungerührt das Leben weiter, als wäre nichts gewesen. Jesus stirbt, doch es wird wohl in Jerusalem weiter Passah gefeiert und der Sabbat gehalten worden sein oder eben auch nicht. Es wird weiter nach Fahrplan regiert worden sein in den Palästen und nach genauen Vorschriften gebetet. Es wird gelebt und gesündigt worden sein, geliebt und gehasst. Es wurde geboren und gestorben wie im richtigen Leben. Der Zug scheint aber abgefahren zu sein. Und in dem Zug waren alle Hoffnungen, die man in Jesus gesetzt hatte. Oberhalb der Oberfläche geht alles seinen normalen Gang und es stört keinen. Wer aus dem Ruhrgebiet kommt, kennt die beiden parallelen Welten über Tage und unter Tage recht gut. Und ein ganz wesentlicher Teil des Lebens geschieht unterhalb der Oberfläche und unsichtbar. Wir haben im Leben nicht immer das Gefühl, Gott bewegt sich ganz oben am Himmel. Wir haben selten das Gefühl, er ist sichtbar. Manchmal ist Jesus von Angesicht zu Angesicht auf unserer Ebene. Manchmal spürt man seinen Geist. Aber gerade wenn er wirklich unter uns ist, dann wirkt er im Untergrund, dann sehen wir ihn nicht. Die Theologie hat für beide Welten und für beide Stockwerke einen Ausdruck. Es gibt oben die sogenannte „theologia gloriae“, die Theologie des Ruhmes und des Triumphes. Die spielt sich vor allen Augen sichtbar ab.
Wir haben wenige gute Erfahrungen mit ihr gemacht. Immer wenn alles so eindeutig schien mit „Gott auf unserer Seite“, war das die größte Gefahr, die dem Christentum drohen konnte. So begannen Kreuzzüge und Herrschaftsansprüche im Namen dessen, der auch im Tod immer die unterste Etage gesucht hat. Am überzeugendsten und im Sinne Jesu authentischsten war das Christentum aber meist, wenn es in den Untergrund gezwungen war. Wenn die Christen Kellerkinder waren, haben sie nicht triumphiert, sondern gelitten wie er. Es hatte doch alles in Kellerverstecken vor der Staatsgewalt, in den Katakomben begonnen. Dort fuhren zwar im alten Rom noch keine Züge, dort überlebte aber unter der Oberfläche das Glaubensleben.
Genau die Hoffnung auf einen für alle Welt sichtbaren triumphierenden Messias stirbt mit Jesus am Kreuz. Man erwartete ihn nicht in der Unterwelt, unter der Erde, sondern ganz oben, auf dem Berg Zion.
Entgegen der Triumphtheologie, gibt es die Theologie des Kreuzes und den „deus absconditus“, zu Deutsch des im Verborgenen handelnden Gottes. Oberhalb der Oberfläche spielt sich für alle sichtbar eine deutliche

Niederlage ab. Der große Hoffnungsträger für die einen war für die anderen augenscheinlich ein notorischer Querulant. Er hängt neben zwei Verbrechern am Kreuz. Die meisten seiner Anhänger sind jetzt schon geflohen! Allein das Symbol des Kreuzes für die schändlichste aller Hinrichtungsarten war derart verpönt, dass es in der frühchristlichen Kunst der ersten drei Jahrhunderte überraschend gar keine Rolle gespielt hat. Der Fisch und nicht das Kreuz war das christliche Symbol. Das sollte sich ändern, als mit Konstantin plötzlich ein römischer Kaiser das Kreuz als Symbol in einer Schlacht bewusst einsetzt und damit gewinnt.
Konstantin hatte gesiegt. Es sollte noch etwas dauern, aber bald würde das Christentum von der Religion der Kellerkinder zur Staatsreligion eines untergehenden Weltreiches geadelt werden. Es würde das Weltreich überleben. Ob damit aber das Christentum wirklich gewonnen hatte, oder sogar eigentlich verloren hat, steht auf einem ganz anderen Blatt. Denn nun setzte sich die Triumphtheologie durch, wo sich alles in der Beletage abspielte, auf der Bühne der Weltgeschichte.
Die Päpste mischten mit. Die U-Bahn-Ebene wurde höchstens noch durch Bettelmönche und viele Werke der Nächstenliebe im Verborgenen gelebt. Abgesehen von einigen Franz - von - Assisi-Gestalten dominiert sie nicht gerade die Geschichtsschreibung. Die Namen der subversiven Untergrundarbeiter der Nächstenliebe sind weitgehend unbekannt geblieben.
Zurück zum Start, zum „U-Bahn-Tunnel" in Jerusalem. Anscheinend ist also mit Jesus die Hoffnung gescheitert, bevor sie sich so richtig durchsetzen konnte. „Hinabgestiegen in das Reich des Todes".
Viele vor ihm, die gerade noch Lichtgestalten waren, sind für immer in der Versenkung verschwunden und nicht wieder aufgetaucht. Das ist der Gang der Geschichte! Was sich danach ereignete, war oben an der Oberfläche bei Tageslicht gar nicht zu sehen. Und der nüchterne Skeptiker sieht dort bis heute nichts. Weit unterhalb der Oberfläche aber spielte sich für gläubigen Christen das wichtigste Ereignis der Weltgeschichte ab: Die Auferstehung! Und die Sicht der einen Welt steht der Sicht der anderen Welt so scheinbar unverbunden gegenüber wie das Leben auf der Straße und das Leben in der U-Bahn. Bei anderen Wundern wird sehr detailliert beschrieben, was Jesus sagt, wie er einem Kranken die Hand auflegt, einem anderen seine Augen mit Speichel benetzt, wie sich allmählich Münder und Augen öffnen. Bei der Auferstehung ist es aber so, dass es keinen detaillierten Bericht gibt, was geschehen ist. Es standen Zeugen unter dem Kreuz. Man hat ihn zu Grabe getragen. Man hat sein Grab anderthalb Tage später besucht. Aber für die 36 Stunden zwischen Karfreitag, Sonnenuntergang, und

Sonntagmorgen, Sonnenaufgang, gibt es keinen Bericht. Da ist, wie man im Ruhrgebiet sagt, „Hängen im Schacht". Da befindet sich der Zug der Geschichte für 36 Stunden in einem Tunnel und man kann erst dort, wo der Passagier wieder sichtbar „oben" auftaucht, Rückschlüsse ziehen: Während oben das Leben weiterging, hat sich unten im Tunnel ganz gewaltig etwas bewegt!

„Und ob ich schon wanderte im finstern Tal fürchte ich kein Unglück, denn du bist bei mir, " so sagt es ein berühmter Psalm (23,4).

Das entscheidende Handeln Gottes geschieht fast immer unsichtbar. Unter der Erde wächst aus einem Apfelkern der Trieb zu einem neuen Baum. Im Bauch der Mutter reift neues Leben heran. Und im Grab, im Bauch der Welt, muss irgendetwas geschehen sein, von dem anderthalb Tage später die Ersten nur die Auswirkungen gesehen haben. Das Grab war leer. Einigen ist er danach erschienen. Doch was in der Zwischenzeit wirklich geschehen ist, hat keiner gesehen. Für die einen hat es nie stattgefunden, weil sie es nicht sehen konnten. Für die anderen war dies das Licht im Tunnel, auf das die Welt solange gewartet hat. Es wirkt eher zufällig, dass ein Künstler christliche Motive in U-Bahn-Stationen ausstellt. Man hätte ihm auch eine Ausstellungshalle anbieten können. Aber das Symbol der zwei Welten, an der Oberfläche und darunter, ist wohl der ungewöhnlichste Schlüssel der Deutung von Passion und Auferstehung, der mir jemals zugefallen ist. Ob der Künstler, der seine Werke in der U-Bahn ausstellt, gesehen hat, dass sich die Geschichte Gottes genauso im Verborgenen unter der Oberfläche der Weltgeschichte abspielt, bezweifle ich eher. Doch wer diese Sicht der Dinge teilen kann, für den gilt ab sofort in jedem Tunnel des Lebens: „Jesus Christus spricht: Ich bin das Licht der Welt. Wer mir nachfolgt, wird nicht in Finsternis wandeln, sondern das Licht das Lebens haben." (Johannes 8,12). Durch Gottes Werk unter der Oberfläche ist gewaltig Licht ins Dunkel der Welt gekommen.

1) Jedes Jahr kann ein anderer Kreuzweg bestellt werden im:
Jugendhaus Düsseldorf, Carl-Mosterts-Platz 1, 40477 Düsseldorf.

„Was immer richtig war, ist genau jetzt falsch.
Was sonst falsch ist, ist jetzt richtig.“
Predigt über Lukas 9,57-62
Oculi 2009

Liebe Gemeinde,

das ist mindestens mein zweiter Versuch, mich diesem radikalen Text zu nähern. Beim ersten Male habe ich den Versuch abgebrochen, aber das war wohl keine Schande. Es sollte meine erste Predigt werden, die ich im Studium schrieb. Nicht dass der Dozent mir diesen Text vorgegeben hatte. Die Vorgabe war ein Elfmeter ohne Torwart: „Sie dürfen predigen, über was sie wollen“. Aber wie ich mich kenne, war mir das zu einfach, und ich wählte die Herausforderung. Ente Lippens und Frank Mill trafen das Tor ja auch besser, wenn sie vorher noch drei Gegner umkurven mussten.[1)] Um es mir schwerer zu machen als nötig, kam ich also auf diesen Text.
Aber ich merkte schon als Student, der noch so gut wie nichts besaß außer dem Inhalt eines gemieteten Kleiderschrankes und eines Bücherregals, dass mir dieser Text zu radikal war, um glaubwürdig danach leben zu können. „Die Füchse haben Gruben, die Vögel Nester, aber des Menschensohn hat nichts, wo er sein Haupt hinlegen könnte.“ Also wählte ich einen anderen Text. Wie aber soll es mir nun heute, da ich unendlich mehr besitze als ein Student, gelingen, darüber zu sprechen? Nun gut, im Urlaub kannte ich das noch: Kein Dach über dem Kopf, nicht zu wissen, wo man morgen ist, im Rucksackgepäck ein winziges Zelt und einen Schlafsack. „Die Füchse haben Gruben, die Vögel Nester, der Menschensohn hat nicht, wo er sein Haupt hinlegt.“ Aber Urlaub war im Sommer und meist war das Wetter gut. Im Drevermannstift[2)] kann man sich erzählen lassen, wie das wohl wirklich ist, kein Dach über dem Kopf zu haben, nicht nur im Urlaub, sondern immer, auch im Winter und im Dauerregen. Ich fühle mich heute diesem Text noch ferner als im Studium. Damals erschien er mir schon zu schwer zum Predigen. Nun werden die Jünger mit Jesus auch nicht auf der Straße geschlafen haben. Oft werden sie, nach der Sitte der Gastfreundschaft, eingeladen worden sein. Es geht also um das Gottvertrauen, einfach die Dinge zu nehmen, die kommen, und zu vertrauen. Die Vögel unter dem Himmel, die ernten ohne zu säen, und die Lilien auf dem Felde, die von selbst wachsen, spiegeln die Wirklichkeit jener Jesusbewegung wieder. Jesus und die Jünger verließen ihre erlernten Berufe wie Zimmermann, Fischer oder Zöllner, um vom Gottvertrauen und der Gastfreundschaft und der Nächstenliebe der Zuhörer zu leben. Die

hatten kein Eigenheim und kein A14-Beamten-Gehalt. Undenkbar wäre ein solches Leben für mich. Das kann doch wohl nicht im Ernst Jesus von allen verlangen! Völlig absurd wird auf diesem Hintergrund unser sogenannter deutscher Traum: Man muss im Leben ein Haus gebaut, einen Baum gepflanzt und ein Kind auf die Welt gesetzt haben. Bis auf den Baum, der wohl von selbst weiter wächst, hätten die Jünger auf dem Weg zum Kreuz davon nichts gebrauchen können. Es war gefährlich auf dem Weg zum Kreuz Kinder mitzunehmen oder sie zuhause allein zu lassen. Und ein Haus ist eben eine Immobilie, zu Deutsch eine Unbewegliche. Die Jesusbewegung aber war eine Wanderbewegung, die war mobil. Nimmt man die Bilder des NT, dann sind wir alle eigentlich eine Wanderbewegung. Im Hebräerbrief gibt es, dem Zug Israels durch die Wüste nachempfunden, die Kirche als wanderndes Gottesvolk. Und das gelobte Land als Ziel ist das Reich Gottes. Der Unterscheid ist nur. Die Israeliten flohen aus der Sklaverei, die ersten Christen wurden bedrängt, wir haben uns aber gut eingerichtet in dieser Welt. Soll das Reich Gottes doch kommen - aber bitte erst nach dem
Tod! Gottvertrauen war das Stichwort, von der Hand in den Mund zu leben, weil es einem Gott schon schenken wird. Wir aber freuen uns nicht nur über ein Dach über dem Kopf, sondern verbinden unser Gefühl von Sicherheit mit genau dem, von dem Jesus hier rät, es liegen zu lassen. Sicherheit und Geborgenheit geben materielle Werte wie ein schützendes Haus, aber auch familiäre oder freundschaftliche Bindungen. Der eine will erst noch seinen Vater beerdigen, der andere sich von den Seinen - Familie und Freunden verabschieden. Worauf setzen wir also, wenn wir vor der Wahl stehen, unser Vertrauen? Auf materielle Werte? Auf Haus und Rente? Auf familiäre Bindungen? Wir wissen, wie wichtig die sind, aber auch wie zerbrechlich die sind. Spätestens der Tod scheidet uns. Gemessen an Gottes Ewigkeit also ist der Vater und sind alle, die noch leben und um ihn trauern, natürlich schon tot, weil sie nicht ewig leben. Das Leben ist von Geburt an tödlich, und wenn Lebendige Tote beerdigen, dann sind sie vom Maßstab der Ewigkeit her betrachtet, eigentlich schon todgeweiht. Wir sind aber durch das ewige Leben zum Leben bestimmt. Der zweite Satz Jesu ist noch radikaler als der Erste. Umherziehende ohne Dach über dem Kopf wird es viele gegeben haben. Da waren Landarbeiter und Tagelöhner wird es viele gegeben haben, mehr noch als umherziehende Wanderprediger. Da gab es bis vor etwa hundert Jahren selbst in Deutschland noch die Wandergesellen. Aber dem toten Vater die letzte Ehre zu erweisen war nun wirklich Pflicht, und dauerte im Judentum in der Regel auch nicht länger als 24 Stunden, denn binnen 24 Stunden musste der

Tote unter der Erde sein. „Lass die Toten ihre Toten begraben“ - dieses Wort wird damals noch mehr als heute als wirklich pietätlos gegolten haben. Und wenn man das Wort anders versteht, dann war es nicht besser. Es kann ja sein, dass der Vater eben noch nicht tot ist, sondern sich der Mensch, der nachfolgen will, noch solange um ihn kümmern will, bis er stirbt. Man hat eben seine Verpflichtungen, die einen hindern, das im Leben zu tun, was jetzt am Dringendsten für einen selbst dran wäre. Ja, es war damals mehr als heute Pflicht, seine alten Eltern nicht unversorgt zu lassen. Jesus greift das an anderer Stelle scharf an, dass da einer das Geld, das er für seine Eltern gebraucht hätte, schon zu Lebzeiten dem Tempel vermacht hat, um sich aus der Pflicht zu stehlen.
Unerhört also klingt dieses Wort: „Lass die Toten ihre Toten begraben.“ Und ich stehe heute als Pfarrer da und denke und erkläre den Leuten, wie wichtig es ist, Trauerarbeit zu leisten, statt einfach unbeachtet seinen Weg weiterzugehen. Das Wort Jesu geht mir also offen gestanden quer.
Ein anderer Schlüssel aber liegt darin, dass besondere Situationen besondere Maßnahmen erfordern. Beim Reich Gottes ist es nämlich fast immer so: Was unter den Menschen als vernünftig gilt, ist angesichts des Reiches Gottes unangemessen. Und was wir für unvernünftig halten, ist dem Reich Gottes angemessen.
Beispiele gefällig: Die ersten Christen verkauften alles und teilten alles miteinander. Normalerweise baut der kluge Mann vor und hält einen Notgroschen fest. Aber wenn das Reich Gottes vor der Tür steht, dann ist nicht „normalerweise“. Im Reich Gottes und nach dem Tod kann man nämlich vom Geld nichts mehr kaufen. Wir sollen Schätze im Himmel sammeln sagte Jesus.
Und als ihm seine eigenen Verwandten nachlaufen, weil er das Reich Gottes predigen will, statt die Familie zu versorgen - Josef war vermutlich schon gestorben - hat die Familie wenig charmante Worte für Jesus übrig. „Er ist von Sinnen.“ Auf Neudeutsch: „Der ist bekloppt geworden“. Kehrseite der Medaille: Hätte Jesus sich festhalten lassen, wäre er wieder Zimmermann geworden, dann säßen wir heute nicht hier. Das Besondere des Reiches Gottes erfordert ein besonderes Verhalten, denn es ist nicht normale Zeit, es ist besondere Zeit. Fast jede Frauenhilfsfrau hat Sympathie mit der fleißigen Martha, die in der Küche schuftet und Jesus bewirtet, während die jüngere Schwester Maria einfach nur zuhört. Doch Jesu gibt Maria recht, denn sie hat das Besondere der Stunde erkannt. Hier gilt es nicht, wie immer, orientalische Gastfreundschaft zu üben. Jetzt und hier war die seltene Gelegenheit da, von Jesus selbst etwas zu lernen. Der Abwasch und der Nachtisch konnten gewiss warten. Und es war Zeit, die

Etikette zu brechen. Frauen hatten nämlich damals gar nichts beim Rabbi zu suchen, um Lehrgespräche zu führen. Das machten die Männer. Jetzt aber war für Maria die einmalige Gelegenheit da, die sie auch auf Etikette keine Rücksicht nehmen ließ.
Wenn das Reich Gottes da ist, wird alles anders sein, und dann werden menschliche Umgangsformen und Konventionen ausgehebelt werden. So oder so ähnlich könnte es den Nachfolgewilligen im Predigttext gegangen sein, selbst dem, der noch seinen Vater beerdigen wollte. Das Wirken Jesu in der Öffentlichkeit hat ja wohl nur ein oder zwei Jahre gedauert, bevor es zum Kreuz ging. Und so hart das klingt: Diese Gelegenheit kommt nicht wieder. Und wenn es doch nur 24 Stunden bis zur Beerdigung waren, dann waren Jesus und seine Leute schon ein Dorf weiter gezogen auf dem Weg nach Jerusalem zum Kreuz. Der Tross ist weg bis dahin und schwer wiederzufinden, und die Gelegenheit wartet nicht.
Es ist aber bei uns so, dass wir umgekehrt leben. Termine drücken. Die Auseinandersetzung mit dem Reich Gottes hat noch Zeit - erst der Beruf, erst das Haus zu Ende bauen, dann das Feld bestellen, dann die Familie, und dann, wenn ich in Rente gehe oder im Altenheim bin, dann ist immer noch Zeit in die Gottesdienste zu gehen!
Ich habe einmal im Zeitmanagement gelernt, „Dringliches“ von „Wichtigem“ zu unterscheiden.[3)] Das „Dringliche“ ist Terminsache und spielt sich als wichtig auf. Es muss bis dann und dann geschehen und drängelt sich immer vor. Das Wichtige aber ist das, was unser Leben hält. Eigentlich ist die Beziehung wichtiger als die Arbeit. Wie viele Beziehungen aber gehen kaputt, weil immer das Dringliche die Zeit für das Wichtige frisst, und der Familienvater nie Zeit für seine Familie hat? Und das ist beim Reich Gottes genau so. Ja, zur Kirche kann ich immer noch gehen, wenn ich alt bin, jetzt aber habe ich Anderes zu tun. Und dann kommt eine fast panische Umwertung. Nach einem schweren Unfall oder bei der Diagnose Krebs merken viele erst, dass sie viel Zeit für Dringliches verloren haben, und ihnen nun kaum noch Zeit bleibt für das Wichtige.
Dass die sooft zitierte Barmer Theologische Erklärung nicht nur Gnade, Gnade und nochmals Gnade sagt, übersehen wir dabei. Dort steht nämlich in der zweiten These nicht nur: Jesus Christus ist der Zuspruch für unser ganzes Leben. Er ist Zuspruch. Er ist Trost, Trost und noch einmal Trost. Aber er ist auch Anspruch auf unser ganzes Leben. Und das Leben beginnt schon vor dem Alter und dem Tod. Es muss gar nicht sein, dass Jesus zu allen Zeiten jeden von uns vor diese Entscheidungen stellt, wie sie in unserem Predigttext standen. Aber es kann sein, dass er uns so etwas zumutet. Und genau dann müssten der Aufbruch und das Reich Gottes die

unbedingte Priorität für uns haben. Wir aber würden uns immer wieder für die andere Seite entscheiden, wenn Jesus uns an Stelle der Jünger gefragt hätte. Die Bequemen würden sagen: Morgen, morgen, nur nicht heute. Und die Eifrigen und Gewissenhaften werden sagen: Hier warten noch Pflichten auf mich, Herr! Und irgendwann ist, ehe wir es merken, unser Leben vorbei oder die Gelegenheit verpasst. Das Neue Testament hat zwei Begriffe für die Zeit. Der eine ist „chronos". Sie kennen die „Chronologie". Der andere ist „Kairos". Der „Chronos" ist, was immer ist, und unser Leben bestimmt. Chronos kann oft auch der Terminkalender sein. Das Besondere in der Situation, aber auch das Wichtige, die oft verpasste Chance aber ist der „Kairos". Die Gegenwart Christi ist einmalig, sie ist „Kairos". Wenn die Pharisäer auf Einhaltung des Sabbats pochen, dann tun sie das, was immer richtig ist, sie leben im Gesetz und im Chronos. Richtig ist aber, was Jesus tut, weil es jetzt, auch am Sabbat, gerade am Sabbat, Zeit ist, einen Kranken zu heilen. Was in normalen Zeiten richtig und wichtig ist, im „Chronos", kann zum besonderen Zeitpunkt der Gegenwart Christi total falsch sein. Haben Sie noch nie im Leben einer verpassten Gelegenheit nachgetrauert, die nicht wiederkam? Vielleicht ist das sogar unsere Hauptverfehlung: Die verpassten Gelegenheiten. Die Wege, die wir nicht gegangen sind, weil uns der Mut fehlte, weil wir Verpflichtungen hatten. Die Sätze, die ich mich nie gewagt habe zu sagen. Die Versöhnung, die ich immer wollte, aber ich war zu stolz und habe darauf gewartet, dass der andere sich zuerst entschuldigt. Oft sind das die Dinge, die dann plötzlich in der Nähe des Todes so wichtig werden, noch einmal geregelt oder ausgesprochen zu werden und man fragt sich, warum das nicht schon vor zwanzig Jahren möglich war.

Im Predigttext steht übrigens überhaupt nicht, wie sich die drei so radikal von Jesus Hinterfragten entschieden haben. Der reiche Jüngling lief betrübt weg. Aber ob die drei, denen Jesus hier den Ernst der Nachfolge klar macht, nun mitgekommen sind oder nicht, steht hier nicht. Ich höre nur immer ein „Nein", das gar nicht im Text steht, weil es wohl mein „Nein" gewesen wäre. Aber endzeitlich, dem Reich Gottes entsprechend leben heißt nicht, alles auf den letzten Tag aufzuschieben, sondern hier und jetzt an jedem Tag das Besondere zu leben, den „Kairos" und damit anzufangen. Ich komme zurück zum Ausgangspunkt: Ob mir dieser radikale Text mit den hohen Ansprüchen Jesu nun mehr gesagt hat als vor mehr als zwanzig Jahren als Student, wage ich noch gar nicht zu beurteilen.

Nach wie vor würde ich wohl diese drei Anforderungen nicht umsetzen können. Ja, ich würde mein Dach über dem Kopf behalten wollen, mich erst von meinem Vater verabschieden und gerne auch von meinen

Freunden. Oder doch? Aber nur, wenn ich das Besondere in der Situation erkennen würde, das Gott von mir will. Auch hier gibt es wieder die berühmte Regel von der Gabe der Unterscheidung. Ich möchte beten, wo eine klare ehrliche Aussage mir schwer fällt:

Herr, bewahre mich vor diesem Wörtchen „immer".
Das haben wir „immer" so gemacht und nichts darf anders werden.
Lehre mich verstehen, dass „heute" nicht „immer" ist,
denn jeder Tag kann seine besonderen Herausforderungen für mich haben.
An jenem Tag, wenn du kommst, kannst du mich plötzlich fragen:
„Was machst du da eigentlich? Was hast du mit deinem Leben gemacht?"
Was werde ich dann sagen? Sage ich „Ich habe gelebt wie immer."?
Oder kann ich sagen „Ich habe nur getan, was du mir gesagt hast."?
Herr, wir rechnen zu wenig damit, dass du unseren Alltag durch Zwischenrufe störst und unterbrechen willst.
Wir beten, „Dein Reich komme", und denken, hoffentlich nicht bald, sondern erst wenn wir alt sind.
Lass uns aufmerksamer und wacher durch den Tag gehen, um auf deinen Ruf und dein Wort hören zu können. Amen.

Anmerkungen:

1) Das waren zwei Fußballer von Rot-Weiß Essen. Der eine umspielte, statt ins Tor zu schießen, beim Stande von 10:1 den gegnerischen Torwart so oft, bis der endlich den Ball fing. Der andere machte sich im Dortmunder Trikot im Gedächtnis der Sportschau unvergesslich, indem er aus zwei Metern gegen die Bayern den Pfosten und nicht das leere Tor traf. Nicht dass ich meine Nähe zur Passionstheologie und zu Tod und Auferstehung meiner Zuneigung zu Rot-Weiß Essen und dem VfL Bochum verdanke, aber eine gewisse strukturelle Verwandtschaft zur Erfolgsbilanz von Fahrstuhlmannschaften lässt sich schon herleiten.

2)Das Drevermannstift ist eine örtliche diakonische Einrichtung von Bethel für Wohnungslose.

3) Der viel geschmähte Rudolf Bultmann nannte die Dinge, die dem Lebensunterhalt dienen „existentiell". Das, was uns aber unbedingt angeht, nannte er„existential." [3]) Darauf basierte seine neue Methode der Schriftauslegung (=Hermeneutik) nach der Entmythologisierung.
Leider verstand solch ein Uni-Esperanto kaum jemand. Die Terminologie „dringlich" und „wichtig" erscheint gelungener. (Vgl. Zahrnt, H.; Die Sache mit Gott. Die protestantische Theologie des 20. Jahrhunderts. München/Zürich (Piper) 1990[9], 241f.; 243ff., 249-266 u.ö.)

„ ‚Es ist vollbracht.' - Was ist vollbracht?"
Predigt über Johannes 19,16-30
Karfreitag 2009

Liebe Gemeinde!

„Es ist vollbracht", so lautet das letzte Wort Jesu nur in diesem, dem Johannesevangelium. Viel erhabener und würdiger klingt das als im Markusevangelium. Er ruft hier nicht verzweifelt „Mein Gott, mein Gott, warum hast du mich verlassen?"
„Es ist vollbracht." Was ist vollbracht? Ist das das zeitgenössische „Er ist erlöst." „Es war eine Erlösung für ihn", das ich immer höre, das auch über den Traueranzeigen steht? Und dann darf ich fragen: Erlöst wovon oder erlöst wozu? So leid es mir im wahrsten Sinne des Wortes immer tut, habe ich oft den Verdacht, in den Köpfen der meisten Menschen steht nur das erlöst wovon. „Er hatte nie ein Pflegefall werden und leiden wollen." höre ich. Und das ist anders als bei Jesus: Der hat den Weg des Leides, wenn auch nicht gerne, so doch bewusst gewählt, aus Gehorsam gegenüber dem Vater. Und dann? Aus und vorbei - endlich Ruhe?! Ansonsten nichts mehr? Man möchte meinen, in den Köpfen vieler Menschen, die ihren Zukunftsglauben an ein ewiges Leben verloren haben, da kommt nicht das Paradies, da kommt nicht Gott, sondern ein Nichts, ein Nirwana.
Wohl kaum hat Jesus gemeint: „Ich bin erlöst! Ich habe fertig." Er ist nicht erlöst, er ist selbst der Erlöser. Er ist höchstens fertig von den ganzen Quälereien und hat Durst, aber er „hat" nicht fertig. Das Wort, das Luther mit „Es ist vollbracht" übersetzt hat, heißt nämlich eigentlich „Es ist vollendet." Vollendet ist aber mehr als „am Ende". Es ist klar, dass die Perspektive, nun bei Gott zu sein, eine andere ist, als endlich Ruhe zu haben. Wer glaubt, ist nicht nur erlöst wovon, sondern auch wozu. Er ist erlöst vom Leid, aber zum ewigen Leben Aber es bleibt die Frage: Was ist vollbracht? Was ist vollendet?
Ich nehme nun nicht nur unseren gängigen Todesentwurf: Möglichst nicht zu früh, möglichst nicht leiden müssen, sondern auch die gängigen Lebensentwürfe, denen die Tragfähigkeit fehlt. Der Tod Jesu durchkreuzt beinahe alle unsere gängigen Lebensentwürfe und Ziele. Er durchkreuzt erstens das lange Leben, er durchkreuzt zweitens den amerikanischen Traum vom Reichtum und Erfolg, er durchkreuzt drittens den deutschen Traum vom bürgerlichen Glück mit Haus und Familie, er durchkreuzt viertens den Wunsch nach einem Leben ohne Leid, und er durchkreuzt sogar fünftens den Gedanken, dass die Gesundheit und das Leben, die

einzigen und höchsten Werte sind. Zu alldem, wofür wir in der Regel leben, sagt Jesus nicht „Es ist vollbracht“. All das macht nämlich sein Leben nicht aus. Es lebte erstens kein langes, erfülltes Leben, wie es über unseren Traueranzeigen steht. Es war ein kurzes und erfülltes Leben. Der Ausruf des dreißigjährigen Jesus „Es ist vollbracht“ ist auch ein Widerspruch zu unserer Vollkasko-Mentalität mit Schadensersatzansprüchen gegenüber Gott. Falls es nichts wird mit den 70 oder 80 gesunden Jahren klagen wir Gott an. Der Jesus des Johannesevangeliums ruft „Es ist vollbracht“ und führt keine Klage, dass ihm Gott nicht die volle Lebenszeit geschenkt hat. Sein Leben ist erfüllt, sein Weg ist am Ziel, nach etwas mehr als dreißig Jahren. „Es ist vollbracht“. Es ist mit etwas mehr als dreißig Jahren, wenn man es genau übersetzt, vollendet, zum Ziel gekommen. Auch für Jesus gilt wohl, was Curd Jürgens einmal gesagt haben soll, es sei besser, seine Stunden mit Leben zu füllen als das Leben mit Stunden.[1)]

Der da starb, träumte zweitens nicht den amerikanischen Traum „Vom Tellerwäscher zum Millionär“. Im Gegenteil, er führte eine Anti-Karriere und verzichtete auf Reichtümer. Er verbrachte die letzten zwei Jahre ohne ein festes Zuhause als Wanderprediger und lebte von der Hand in den Mund oder besser gesagt vom Gottvertrauen. Und trotzdem oder gerade deswegen spricht er im Johannesevangelium „Ich bin der Weg und die Wahrheit und das Leben.“ Und trotzdem oder gerade deswegen hören wir am Ende die Worte „Es ist vollendet“. Seine Mission ist erfüllt.

Der da ruft „Es ist vollbracht“, träumte drittens auch nicht den deutschen Traum: Ein Haus, ein Baum, ein Kind. Sein Haus hat er verlassen und eine Familie hatte er nicht, es sei denn man rechnet seine Anhängerschaft als Familie. Und Wurzeln hat er ebenfalls nicht geschlagen. Alle unsere erdverwachsenen Träume durchkreuzt der, der am Kreuz ruft „Es ist vollbracht.“ „Es ist vollendet.“ Während wir auf materielle Dinge beschränkt sind, wie ein Haus oder Geld, hat er eine ewige Heimat und einen Reichtum anzubieten, der alle Entbehrungen, die er ertragen hat, ersetzt. Wer sich wirklich auf ihn einlässt, der muss eine Umwertung aller Werte in Kauf nehmen, die unser Leben bestimmen.

Hätte Jesus viertens von einem Leben ohne Leid geträumt, dann hätte er nicht diesen Weg gewählt. Wie in der Geschichte vom Turmbau zu Babel suchen wir Menschen die Höhen des Himmels selbst, wenn wir nach Genen forschen um den Hunger und die Krankheiten zu bekämpfen, ja wenn es immer moderner wird, das Leid zu verkürzen. Auch für die Spaßgesellschaft und die Vergnügungssteuer taugt das Leben Jesu nicht. Der aber aus der vollkommenen Welt Gottes kam, wählte das Leid als

seinen Weg. Damit aber verdrängte er nicht das menschliche Leid, sondern nahm es an. Er nahm uns ernster, als wir selbst uns nehmen.
Er ist allerdings weniger das Opfer der Gewalt der Menschen als der, der die Regie führt. Er weiß genau, schon vorher, wer ihn verraten wird. Er wählt freiwillig den Weg der Niedrigkeit, wenn er allen Jüngern die Füße wäscht. Und er trinkt den Essig am Kreuz nicht zuerst, weil er Durst hat, sondern damit sich die Schrift erfüllt. So steht es dort. Er ist der Regisseur, auch in seinem Leidensweg, weil er sich eins weiß mit Gott. Es ist in aller Niedrigkeit die Würde Gottes, die durch ihn hindurch strahlt. Und die gesamte Kreuzigungsszene ist für Johannes die Erfüllung von Weissagungen aus dem Drehbuch Gottes, die man im Alten Testament nachlesen kann. Schon in diesem Sinne also gilt: „Es ist vollbracht“. Hier erfüllt sich ein göttlicher Plan, genauer, weil er und der Vater eins sind, erfüllt Gott selbst in ihm seinen Plan. Er gibt nicht nur seinen einzigen Sohn. Er begibt sich selbst in ihm ans Kreuz.
Und fünftens habe ich in dieser Woche noch eine Entdeckung gemacht. Selbst das Leben im Sinne des nackten Überlebens ist nicht das Wichtigste. Der hier stirbt, stirbt nach Drehbuch einen Märtyrertod.
Die Vorlage finden wir im 22. Psalm. Wer aber weiter denkt bis zur Offenbarung. Gelangt irgendwann zu dem Wort „Sei getreu bis an den Tod, so will ich dir die Krone des Lebens geben.“ Auch wenn das letzte Wort nicht direkt Jesus zugesprochen wird, sondern einer verfolgten frühen christlichen Gemeinde, so wird deutlich: In einer solchen Situation bedeutet nachzugeben und sich anzupassen, vom Bekenntnis und der Bestimmung abzuweichen. Hier wird das ewige Leben, die Krone des Lebens höher bewertet, als das nackte Überleben, das hier und jetzt. Gerade und aufrecht der Bestimmung zu folgen ist wichtiger als das Leben zu retten. Es ist eine Gnade, dass wir vor solchen Entscheidungen nicht stehen. Aber überdeutlich wird: Die Bestimmung des Lebens zu erfüllen, ist das Ziel Jesu, den göttlichen Plan und Willen zu leben.
Und wenn es hundertmal gesagt wird: Hauptsache wir leben.
Er ruft dann allerdings auch nicht, als nichts mehr geht „Gekämpft, gehofft und doch verloren.“ Im Gegenteil: Er stirbt mit den Worten „Es ist vollbracht!“ Vor diesem Jesus, der im Moment des Todes ruft „Es ist vollendet!“, ist das irdische Überleben nicht das Wichtigste.
Jesus räumt auf mit fast allem, wofür wir heute leben. Wir wollen in Frieden und Wohlstand unser kleines Familienglück genießen, oder wir stecken im nackten Existenzkampf um das Überleben. All diese Ziele sind für ihn nicht die wirklichen Lebensziele und nicht von ewigem Bestand. Ich denke in irgendeinem dieser fünf Muster haben wir auch uns selbst

wiedererkannt. Es scheitern nicht nur die in unseren Augen Gefährdeten oder gar Gestrandeten. In den Worten „Es ist vollbracht" werden auch unsere gängigen Lebensentwürfe durchkreuzt. Daran merken wir, und jetzt wähle ich die Sprache der Bibel, dass wir alle verloren sind, und Jesus für uns alle in die Welt gekommen ist und gestorben ist[2)], wie es gerade im Johannesevangelium (3,16) ja auch steht. „So sehr hat Gott die Welt geliebt, dass er seinen eingebornen Sohn gab, damit alle, die an ihn glauben nicht verloren werden".

Seine Jünger und er bringen große Opfer, um - ihrer Bestimmung gemäß - nach göttlichem Willen zu leben. Was er verheißt, ist dem der glaubt, ein ewiges Leben zu geben, auch wenn er stirbt. „Wer an mich glaubt, der wird leben, auch wenn er stirbt." Der springende Punkt aber ist, das sehen wir spätestens zu Ostern an der Geschichte des ungläubigen Thomas: Sind wir bereit, dieser Wirklichkeit, die wir nicht sehen, Glauben zu schenken? Geht von diesem ewigen Leben jetzt schon hier im Leben eine Kraft aus, oder ist das etwas für unbestimmte Zeit und später? Wenn ja, dann geschieht hier das an uns, was am Kreuz geschieht. Jesus weiß sich in allen Situationen von Gott getragen und stirbt mit den hoffnungsvollen Worten „Es ist vollbracht". Menschen, die ihren Tod in Würde tragen, finde ich auch heute noch. Fast immer aber ist das ein Ausdruck tiefen inneren Glaubens. Ich habe zwei alte Frauen in meinem Leben begleitet, die ihr Bett für Monate und Jahre nicht mehr verlassen konnten. Die eine guckte den ganzen Tag auf ein Holzkreuz, das ihr Trost gab, die andere auf den Bonhoeffer-Spruch: „Von guten Mächten wunderbar geborgen, erwarten wir getrost, was kommen mag." [3)] Bonhoeffer soll bei seiner Hinrichtung eine für seine Gefängniswärter bemerkenswerte Ruhe ausgestrahlt haben. All das geht nur in der Erwartung, dass es nicht zu Ende geht, damit das Leiden ein Ende hat, sondern dass der Tod nur das Tor zu Gott, zum ewigen Leben ist. So gesehen ist ein Leben, wenn es die göttliche Bestimmung erfüllt hat, „vollbracht, vollendet" und nicht „zu Ende". Das strahlt eine bemerkenswerte Ruhe und Würde aus.

„Was ist vollbracht?" Was geschieht? Ein Rückblick an den Anfang des Johannesevangeliums (1,1f.) verrät: „Im Anfang war das Wort und das Wort war bei Gott und Gott war das Wort und das Wort wurde Fleisch." Mit anderen Worten: Gott selbst wurde Fleisch und ist in Christus erschienen. Und Gott macht nicht nur große Worte, sondern er lässt Taten der Liebe folgen. Sein Wort ist und bleibt nicht leeres Geschwätz, nicht Schall und Rauch. Sein Wort wurde Fleisch und hatte Hand und Fuß. Weil niemand Gott gesehen hat, kann nun der, der auf Christus schaut, Gott sehen. Unsere Bestimmung ist es, so gut wir können, Gottes Willen zu

leben. Jesus aber lebt nicht nur nach seinen eigenen Willen, er „lebt“ Gott. Er und der Vater sind eins, während wir unseren Weg zu Gott immer noch suchen müssen. In Jesus aber wird Gott selbst offenbar. Er „lebt Gott“, er ist Gott. In Christus erscheint, wer Gott ist: Das Eingangswort des Karfreitags (Joh. 3,16) ist sozusagen Programm: „So sehr hat Gott die Welt geliebt, dass er seinen eingebornen Sohn gesandt hat, damit alle, die an ihn glauben, nicht verloren werden, sondern das ewige Leben haben.“
Gott, der uns ins Leben gerufen hat, will, dass wir leben und nicht verloren gehen. Wir aber leben, als gingen wir sowieso am Ende verloren und müssten aus unserer kurzen Zeit möglichst viel herausholen. Wir leben, als sei nur auf dieser Erde das Paradies zu finden und die Erfüllung der Verheißungen möglich. Gott aber will, dass wir ewig leben.
Und erst als diese Liebe, die ihre tiefe Würde gerade darin hat, dass sie alle göttliche Macht und Liebe total aufgibt, nicht nur ein Stück von sich hergibt, sondern das ganze Leben, ertönt das „Es ist vollbracht!“.
Er liebt uns bis zum „Geht - nicht - mehr“ und mehr geht nicht. Er verschenkt im doppelten Sinne sein Leben. Am Kreuz verschenkt er sein irdisches Leben und er schenkt uns dafür sein ewiges Leben. Genau das ist vollbracht und nicht nur die Befreiung von Schmerzen. Amen.

Anmerkungen:

1) Das Zitat lag mir nicht schriftlich vor. Ich habe es selbst in einer Predigt gehört. An verschiedenen Stellen findet es sich in recht unterschiedlichen Versionen im Internet. Am besten belegt bei www.daszitat.de: „Besser man gibt seinen Stunden mehr Leben, als dem Leben mehr Stunden.“

2) Klaus Berger spricht in seinem Buch „Jesus“, München (Pattloch) 2007, von einem „geistlichen Tausch.“, vgl. 477ff., 216-219; 220f.

3) Das ist heute der Refrain von EG 65. Das ganze Gedicht finden wir in Bonhoeffer, D.; Widerstand und Ergebung, München (Kaiser Taschenbücher) 1983, 219.

„ ‚O große Not, Gott selbst liegt tot.' “ [1)]
Predigt über 2. Korintherbrief 5,17-21
Karfreitag 2010

Liebe Gemeinde,

„Was ich einem sechsjährigen Kind nicht erklären kann, das habe ich selbst nicht verstanden.“ war der eine Satz, der mir von meinem Chemielehrer im Gedächtnis geblieben ist. Und der andere Satz, der damit zusammenhing, war: „Meist ist es das ganz Grundlegende, das wir zu wenig hinterfragt und deswegen selbst nicht verstanden haben.“
Ich hielt meinen Chemielehrer für einen sehr guten Pädagogen. Denn mit diesen Sätzen suchte er die Gründe, warum unser Kurs ausnahmsweise die letzte Arbeit in den Teich gesetzt hatte nicht bei uns, weil wir zu dumm oder zu faul gewesen wären, sondern bei sich selbst.
Nun hatte dieser in ganz anderem Zusammenhang gesprochene Satz einen Nachhall in meinem Leben. Was ist denn das Grundlegende im christlichen Glauben, wenn nicht die Botschaft von Kreuz und Auferstehung? Ich habe sie auswendig gelernt und im Glaubensbekenntnis nachgesprochen, schon bei meiner Konfirmation. Aber habe ich sie verstanden?
Dieser Zweifel meldete sich nicht in der Frage eines sechsjährigen Kindes an, sondern in der Frage eines Dreijährigen. Meine Schwester erzählte mir, mein Neffe hätte in Bayern im Urlaub auf einer Wanderung ein Wegkreuz gesehen und sie gefragt, „Warum ist Jesus ans Kreuz geschlagen“? Und nun sollte ich, durch einige Semester Theologie bereits noch mehr verbildet, antworten. Jede Antwort, die mir einfiel, hätte mindestens eine weitere Frage hinter sich hergezogen.[2)] „Für unsere Sünde.“ Aber woher soll ein Dreijähriger wissen, was „Sünde“ und was „Vergebung“ ist, und warum ein anderer meine Schuld ausbaden musste? Ich spürte diese Schwierigkeit und schwieg. Ich habe bis jetzt noch keinen getroffen, der diese Frage für einen Dreijährigen einleuchtend aus dem Stand beantwortet hätte. Haben wir alle zu wenig nachgedacht über das Grundlegendste in unserem Glauben? Meine Schwester rettete später die Situation, indem sie sagte, „Weil die Menschen böse sind“. Zugegeben, der Dreijährige wird verstanden haben, dass es böse ist, einen ans Kreuz zu schlagen und zu töten. Vom alten Adam und seiner Erbsünde und allem, was theologische Bücher dick macht, wird er unbehelligt geblieben sein. Gott sei Dank!
Verstehen Sie mich nicht falsch. Ich möchte die zentrale Botschaft und die zentrale Frage des christlichen Glaubens nicht ins Lächerliche ziehen. Aber darüber wirklich nachzudenken, warum Jesus am Kreuz gestorben ist, statt

diese dogmatischen Sätze einfach ohne nachzudenken zu wiederholen, ist meiner Meinung nach Christenpflicht. Gewiss ist er für unsere Sünden gestorben, aber was heißt denn das? Wohl selten ist dieser Satz so wenig verstanden worden wie heute, obwohl er so grundlegend ist.
Ich erinnere mich an die Debatte, die Wellen schlug.
Da trat ein pensionierter Superintendent in einer Reihe von Radioandachten eine Lawine los, indem er sagte, dass er den Opfertod Christi nicht predigen könne. Dabei schien vielen die Antwort so etwas von sonnenklar zu sein: „Gott hat seinen Sohn geopfert für die Sünden der Menschen." Und weil kein Mensch vor Gott gerecht sein kann, musste Gottes Sohn selbst sterben. Was dogmatisch richtig nachgesprochen ist, muss noch nicht zwangsläufig jedem einleuchten. Nun stelle ich mir vor, ich hätte genau dieses Bild einem Kind, meinem Neffen, vermittelt - was wäre passiert? Er hätte niemals verstanden, dass ein Gott, der die Kinder beschützt, sein eigenes Kind opfert. Es war besser von mir, hier zu schweigen und nachzudenken, als eine auswendig gelernte und nicht selbst durchdachte Antwort zu geben, um nicht das Gottvertrauen des Kindes zu erschüttern.
Die Gerechtigkeit Gottes, der die Sünde nicht einfach durchgehen und fünf nicht gerade sein lassen konnte, war das Anliegen des mittelalterlichen Theologen, der die Lehre von der Genugtuung Gottes entwickelte. Ich nenne den Namen: Anselm von Canterbury.
Ein beleidigter Gott aber, der einen Unschuldigen für sich leiden ließe, um darin Genugtuung zu erfahren, provozierte geradezu die „Warum"- Frage. Sie wurde nicht nur von modernen Zeitgenossen gestellt. Der Kronzeuge dieser Frage ist kein Geringerer als der Gekreuzigte selbst! Und deshalb darf sie nicht verboten werden. Nicht nur mein Neffe fragt „Warum?", nicht nur ein pensionierter Superintendent fragt so, sondern auch Jesus fragt mit den Worten „Mein Gott, warum hast du mich verlassen?" (Mk. 15,34)
Die Frage muss gestellt werden dürfen, bevor man ihr mit der Forderung nach einem Lehrverbot den Mund verbietet. Wer die Frage aus Angst verbietet, der hört auch die Warum-Frage des Gekreuzigten nicht. Der nimmt sich vor allem die Chance auf eine biblische Antwort, wie sie unser Predigttext bietet. Allerdings fällt die Antwort, oder der Versuch einer Antwort, wieder recht unerhört und sehr überraschend aus.

Hören wir den Predigttext im 2. Korintherbrief, Kapitel 5, Verse 17-21

Zunächst das eine: Die klassischen Begriffe wie „Sünde" und „Versöhnung" kommen vor. Der Tenor liegt ganz eindeutig nicht auf

„Genugtuung“ oder gar „Rache“, auch nicht auf Opfer. Die Worte „Versöhnung“ und „versöhnen“ werden viermal in vier Versen wiederholt. Das muss man heutzutage schon betonen. Denn die Erkenntnis, dass der Mensch versöhnt werden muss, ist nicht selbstverständlich. Die gängige Moral ist anders: „Tue Recht und scheue niemand“, „ich bin ein guter Mensch“, „ich halte mich doch an die Gesetze“. Wozu also Versöhnung? Wovon Erlösung? Der moderne Mensch meint, sein Schicksal selbst in der Hand zu haben, und seines Glückes Schmied zu sein, doch an allen Ecken bricht auf, dass der Mensch eben doch versöhnt werden muss.

Nicht nur die Welle von Missbrauchsfällen, die offensichtlich über Jahrzehnte verdrängt worden sind, nagt an Opfern und Tätern. Auch erlebe ich im Krankenhaus bei der Kriegsgeneration, dass plötzlich viele Flucht - und Vertreibungserlebnisse hochkommen, über die lange nicht gesprochen wurde. In dem einen Fall, Missbrauch, sehe ich, bei aller Kritik an der katholischen Kirche, eine Doppelmoral. Statistiken beweisen, dass nicht in Heimen, sondern in Familien, ungefähr jedes zehnte Kind in seinem Leben ein Opfer war. Nicht nur die Täter, auch die Opfer sind im Unterbewussten unversöhnt. Und so mag es auch mit vielem lange verdrängtem Unrecht aus dem Kriege sein.

Aber noch mehr schreit nach Versöhnung! Zum Beispiel, dass es immer noch tausend Kirchen gibt, aber nur einen Gott. Die bescheidenen menschlichen Erkenntnisse von Gott und Machtgelüste werden höher bewertet als die Einheit der Kirche.

Und letztlich noch etwas: Es wäre einfach, wenn es immer ein Richtig und ein Falsch gäbe. Die Ethik zeigt sich aber immer im Konflikt. Und immer bleibt etwas Schuld zurück. Es kann sein, dass einer, der in Notwehr handelte und einen Menschen ernsthaft verletzt oder getötet hat, freigesprochen wird. Aber es bleibt etwas zurück. Entweder ich vergehe mich am Opfer, wenn ich nichts tue, oder am Täter.

Viele Menschen kommen mit den vielen Rollen nicht mehr klar, die sie erfüllen müssen. Insbesondere Frauen turnen immer den Spagat zwischen Beruf, Versorgung der Kinder, Versorgung der Eltern. Und man kann es so gut tun, wie man will. Man bleibt immer einem etwas schuldig. Mit anderen Worten: Auch wenn es nicht modern ist, die Voraussetzung des Predigttextes ist, dass alle Menschen der Versöhnung bedürfen. Genau das aber wird in heutiger Zeit nicht mehr allgemein anerkannt. Wir tun so, als gäbe es immer ein „richtig“ und ein „falsch“ und keine Double - Lose - Situationen, die man wohl Konflikt oder Zwickmühle nennt. Wir tun so, als reiche es, kein Gesetz zu übertreten, und nichts bewusst Böses zu tun. Aber die Beispiele haben hoffentlich gezeigten, dass genau dem nicht so ist.

Quintessenz: Versöhnung ist der zentrale Begriff. Er steht im Mittelpunkt. Alle Menschen sind mehr oder weniger unversöhnt und müssen versöhnt werden. Damit ist zumindest die Voraussetzung dafür stimmig, dass Christus für alle Menschen die Versöhnung aufgerichtet hat.

Ich komme nun zur gängigen Lehre vom Opfertod, die Jahrhunderte lang unser Denken geprägt hat. Jesus konnte, zumindest nach dem Markusevangelium, noch „Warum?" fragen. Tausend Jahre später schien dem Theologen Anselm von Canterbury allerdings klarer als Jesus selbst am Kreuz zu sein, warum Gott Mensch werden musste, und Jesus sterben musste. Gott müsse zufriedengestellt und besänftigt werden für die Sünde der Menschen. Da aber kein Mensch das könne, weil alle Menschen Sünder sein, sandte er seinen Sohn, der ohne Sünde war. Dieser opferte sich an Stelle der ganzen Menschheit. Richtig und gut ist, dass Anselm konsequent durchhält, dass wir überhaupt versöhnt werden müssen und nicht aus eigener Kraft ohne Sünde sind, sodass wir allein auch nicht vor Gott gerecht werden können. Anselms Ansatz hat für mich aber eine entscheidende Schwäche. Die Schwäche ist, dass Gott quasi nur Zuschauer am Kreuz ist, der seine Genugtuung erfährt, als sein Sohn stirbt. Hier werden Gott und sein Sohn nicht zusammengedacht, sondern als Gegenüber. Gott schaut zu, weil ihm ein Opfer gebracht werden muss. Handelnder aber ist Jesus, der sich opfert. Genau das wirkt für heutige Ohren zynisch. Weder ist davon die Rede, dass Gott selbst in oder mit Jesus leidet, noch davon, dass Jesus nicht nur als wahrer Mensch lebte und starb, sondern auch als wahrer Gott. Wenn Gott selbst am Kreuz litt und starb, kann man ihm keinen Zynismus nachsagen, sondern Mitleid im engsten Sinne des Wortes. Er litt selbst mit Jesus und mit den Menschen. Paulus lehrt genau das: Gott ist nicht Zuschauer, er muss nicht zufrieden gestellt werden. Er selbst geht in Christus ans Kreuz. „Er versöhnte die Welt in Christus mit sich selbst." (2. Kor. 5,19) Das klingt fremd, ist aber konsequent. Wenn Gott erstens Mensch wurde und zweitens Jesus nicht nur ein menschliche, sondern auch eine göttliche Natur hatte, war es so, dass Gott am Kreuz mitgestorben ist.

Nicht Jesus ist Subjekt des Satzes, sondern von Gott selbst schreibt Paulus im Korintherbrief: „Er versöhnte die Welt in Christus mit sich selbst". Dieser Satz ist ungeheuerlich, denn er bedeutet: Gott ist kein zynischer Despot und Zuschauer, der einen anderen, in diesem Falle seinen Sohn, opfert, sondern er stirbt selbst in Christus mit am Kreuz. Und so versöhnte Gott selbst die Welt mit sich. So ungeheuerlich und paradox das klingt, so logisch ist es. Denn ein „Opfer" wurde seit Kain und Abel immer von Menschen vor Gott gebracht. In diesem Falle aber können die Menschen

gar kein Opfer bringen, das groß genug ist. Also kann sich Gott nur selbst hingeben. Nur in diesem Sinne kann ich noch davon reden, dass sich Jesus am Kreuz für uns geopfert hat, wenn ich zugleich denke, dass Gott sich für uns geopfert hat. Wenn sich Gott aber selbst opfert, statt opfern zu lassen, dann ist es etwas Anderes als ein Menschenopfer, nämlich Selbsthingabe statt Genugtuung und Rache.
Dass in der Tat trotz Anselm immer mal so konsequent gedacht worden ist, belegt ein Lied. Die zweite Strophe des Passionsliedes „O Traurigkeit, o Herzeleid", die Johann Rist 1641 dichtete, lautete ursprünglich: „O große Not! Gott selbst liegt tot! Am Kreuz ist er gestorben, hat dadurch uns das Himmelreich uns aus Lieb erworben." [1)]
Ich will nicht verschweigen, dass schon um 200 nach Christus die Aussage, dass Gott - Vater leidet[3)] und stirbt, so ungeheuerlich klang, dass man sie zur Irrlehre erklärte. Aber sagt nicht Paulus auch, dass das Kreuz überhaupt ein Ärgernis ist und von vielen für eine Torheit gehalten wird? Vermutlich hätte ich vor einem Jahr noch die Aussage „Gott ist tot" für einen Auswuchs der Theologie der 60er-Jahre gehalten. Das Lied „O Traurigkeit, o Herzeleid" aber ist fromm und über dreihundert Jahre alt. Schon damals war die Aussage „Gott selbst liegt tot" wohl für die Menschen so ungeheuerlich, dass sie sie umdichten mussten in den Text der heute im Gesangbuch steht. Statt „Gott selbst liegt tot" steht da „Gott's Sohn ist tot." Aber wenn Jesus sowohl Mensch als auch Gott gewesen ist, dann stimmt das andere auch. Es klingt unglaublich, wenn der Unsterbliche stirbt. Aber ist es denn wirklich überraschender als dass der Ewige zeitlich wird und in unsere Welt eintritt? Wer die Fleischwerdung Gottes zu Weihnachten bekennt, muss auch konsequent sein und über das Leiden und Sterben Gottes im Fleisch Christi nachdenken. Komischerweise nimmt an Weihnachten und der Menschwerdung Gottes aber keiner mehr Anstoß.

Noch einmal der Kernsatz des Predigttextes: *Gott war in Christus und versöhnte die Welt mit sich selber.*

Und ich ergänze: Auch im Tod und auch am Kreuz. Hier vollzieht sich noch mehr: „Ein seliger Tausch" wie Luther sagt, und das ist das Geheimnis. Im Text steht, „er hat den, der von keiner Sünde wusste, für uns zur Sünde gemacht". Der erste selige Tausch ist: Der Unschuldige wird zum Sünder, damit der Sünder vor Gott quasi ohne Schuld dasteht. Den seligen Tausch zwischen Gottheit und Menschheit kann man aber noch endlos weiterbuchstabieren. Gott kam in Jesus von Himmel auf die Erde,

damit wir in den Himmel kommen können. Der Unschuldige lud die Schuld auf sich, damit der Schuldige schuldlos vor Gott dasteht.
Und zuletzt: Der unsterbliche Gott erleidet in Christus den Tod, damit die Sterblichen in Christus unsterblich werden.[4] Das alles wird übrigens noch übertroffen durch einen Vers, der wiederum aus einem Weihnachtslied stammt. Ich sagte ja schon, dass die Menschwerdung Gottes und die Heilsbedeutung des Kreuzes eng zusammenhängen. In der vierten Strophe des Weihnachtsliedes (EG 27) „Lobt Gott, ihr Christen, alle gleich", hören wir erneut von einem seligen Tausch, der alle bisherigen Aussagen noch übertrifft. „Er wechselt mit uns wunderlich. Fleisch und Blut nimmt er an. Und gibt uns in seins Vaters Reich die klare Gottheit dran." Nicht nur, dass Gott stirbt. Er gibt uns Menschen in seinem Reich seine Gottheit, seine majestätische Würde! Wieder ein „seliger Tausch", wie Luther sagen würde, und ein Unglaublicher! Normalerweise kann der Mensch sich nicht Gott nahen, ohne zu sterben. Es ist die klare Gottheit Jesu, die neue Kreatur, mit der Paulus im Predigttext beginnt, die wir einst geschenkt bekommen, um Gott nahen zu können. Jesus wurde Mensch, und wir werden im Tausch dafür, vergöttlicht, um in den Himmel zu kommen. Das passiert selbstverständlich nicht auf Grund unserer Verdienste, sondern aus Gnade. Ja, dieser Predigttext beinhaltet Großes und Ungeheuerliches. Und das Fazit ist: Wir sollten statt vom menschlichen Opfer von der Selbsthingabe Gottes sprechen, durch die er mit uns tauscht. Er geht am Karfreitag den untersten Weg, damit wir erhöht werden. Amen.

Anmerkungen:

1) Vgl. Becker, H.J., Das geistliche Wunderhorn. Große deutsche Kirchenlieder; München (Beck) 2003^2, 193 ff.

2) Genau das war der „Norbert-Wallhorn-Effekt" aus meinem Vorwort.

3) Diese Richtung nannte Tertullian „Patripassianer". Vgl. Hägglund, B., Geschichte der Theologie. Ein Abriss; Berlin (Ev. Verlagsanstalt), 1983, 43.55f.

4) Dieser Gedankengang zur Stelle 2. Korinther 5,19 findet sich:
a) bei Barth, K., Kirchliche Dogmatik. KD IV/1, Zürich 1975^3, 78ff.
b) bei Kraus, H.J., Systematische Theologie im Kontext biblischer Geschichte und Eschatologie, Neukirchen-Vluyn 1983, 411ff.

„Was wäre passiert, wenn Jesus eines natürlichen Todes gestorben wäre?“ Predigt über Lukas 23,32-49
Karfreitag 2011

Liebe Gemeinde,

„Anderen hat er geholfen, soll er sich doch selbst helfen, wenn er der Messias und Gottes Auserwählter ist.“ Es ist klar, was diese Provokation soll, außer Jesus zu erniedrigen und zu verspotten und ihm seine scheinbare Ohnmacht zu demonstrieren. Es steckt die Einladung und Versuchung darin, im letzten Moment vom Kreuz herabzusteigen. Ganz am Anfang und ganz am Ende seines Wirkens stehen die beiden größten Versuchungen Jesu, seinen Auftrag zu verfehlen. Vor 25 Jahren hatte der Film „Die letzte Versuchung Jesu“ von Martin Scorcese folgende Grund-Idee: Was wäre passiert wäre, wenn Jesus im letzten Moment vom Kreuz hinabgestiegen wäre? Ein scheinbar unschuldiges junges Mädchen in Verkleidung eines Schutzengels erscheint unter dem Kreuz. Sie verspottet ihn nicht, wie seine Peiniger im Lukasevangeliumes tun, sondern sie ist sanft zu ihm, aber mit der gleichen Verführung, er möge vom Kreuz hinabsteigen: „Du hast genug gelitten“, „Gott wollte dich nur auf die Probe stellen, du musst nicht sterben.“ Ganz sanft entfernt sie erst die Dornenkrone von seinem Haupt. Zärtlich zieht sie die Nägel aus den Händen und Füßen und entführt ihn vom Kreuz in einen Garten. Der so gerettete Jesus heiratet Maria, die Schwester der Martha. Die beiden bekommen Kinder. Jesus wird alt wie andere Mensch auch. Jesus tut nichts Verwerfliches, er führt nur ein normales bürgerliches Leben. Am seinem Totenbett erscheinen schließlich die zwölf Apostel und werfen ihm vor, sie im Stich gelassen und die Welt nicht gerettet zu haben. Der Teufel verhöhnt den Sterbenskranken: „ Jetzt kannst du nichts mehr tun“! Jesus schleppt sich mit letzter Kraft vom Totenbett ins brennende Jerusalem, dass die Römer gerade zerstören, bittet Gott nun doch gehorsam sein zu können und doch am Kreuz sterben zu dürfen. Er stirbt am Ende doch mit den Worten „Es ist vollbracht“.
Im Kinofilm verwandelt sich der sanfte Schutzengel erst in ein Feuer und dann in eine Schlange. Erst jetzt wird klar, dass sie der Teufel im Engelsgewand war. Die Vision des Filmes ist simpel und gibt die Antwort: Ob durch Spott provoziert oder sanft versucht: Wäre er eines natürlichen Todes gestorben, dann hätte er sein Bestimmung verfehlt. Denn seine Bestimmung von Gott her war es, am Kreuz zu sterben und die Menschheit zu erlösen. Dass er am Kreuz sterben musste, scheint nun erstens klar, zu sein. Was aber bedeutet das zweitens genauer, „am Kreuz zu sterben und

die Menschheit zu erlösen“? Und wie setzen wir das drittens in unserem Leben um?

Zunächst: Was bedeutet es konkreter, genauer, Erlösung wovon und wozu? Gerade so bekannte und so richtige Sätze wie „Die Menschheit am Kreuz zu erlösen“ stehen in der Gefahr, dass die einen, die nicht glauben, sie nicht mehr verstehen, und dass sie uns anderen, die wir glauben, so selbstverständlich sind, dass wir über die Bedeutung nicht mehr weiter nachdenken. Ich verfolge die Spur im Lukasevangelium weiter. Es bleibt ja nicht bei einer Provokation, es folgen noch zwei. Die Führenden und Verführenden des jüdischen Volkes verspotten ihn, er solle vom Kreuz hinabsteigen, wenn er der Messias sei. Der Messias interessiert die römischen Soldaten nicht, aber dass sie Herr im Haus sein wollten und keinen König als Konkurrenz zum Kaiser duldeten. Also verspotten sie ihn: „Hilf dir selbst, wenn du der König der Juden bist!“ Am Ende verspottet ihn sogar noch einer der beiden Mitgekreuzigten. Warum schweigt er denn bloß so beharrlich? Er war doch sonst so redegewandt und schlagfertig, um sich selbst zu verteidigen? Ich bin auf die Idee gekommen, dass er sich nicht selbst rechtfertigt, damit seine Rechtfertigung durch Gott Raum bekommt. Und genau darin ist er uns Vorbild - nicht nur in der Sanftmütigkeit, mit der er sogar für seine Peiniger vor Gott um Vergebung bittet. Es ist zwar nicht unsere Aufgabe, zu allem zu schweigen, besonders dann nicht, wenn es um das Recht anderer geht. Aber bemerkenswert ist, dass er nicht über sich selbst urteilt und dieses Urteil Gott überlässt, dafür aber durchaus dem Mitgekreuzigten das Paradies und damit die Gnade Gottes zuspricht. In eigener Sache sagt er nur sehr indirekt, durch die Wörtchen „mit mir“ dass er daran fest glaubt, dass Gott ihn ins Recht setzt und er im Paradies landet. „Heute noch wirst du mit mir im Paradiese sein.“ Aber er rechtfertigt sich nicht vor den Menschen und erweist seine verborgene Macht nicht. Er lässt sich die Königswürde und die Messiaswürde am Kreuz von den Menschen mit ihrem entwürdigenden Spott nehmen. Er überlässt das Urteil Gott, der ihn am Ende rechtfertigen und erhöhen wird. Gott übernimmt seine Sache und setzt ihn ins Recht.[1)] Christsein besteht nicht in Selbstverwirklichung, sondern in der Selbsthingabe. Dabei ist die Selbsthingabe nicht mit einem Opfer zu verwechseln. Jesus hat sein Leben geopfert, wir aber gehen nur einen Tausch ein. Wir geben unsere kurze Lebenszeit Gott hin, um von ihm nicht weniger als die Ewigkeit im Tauschgeschäft zu erhalten.[2)]

Aber nicht nur wir tauschen unser zeitliches Leben gegen das Ewige ein, Gott selbst tauscht mit uns. Er wird als Unsterblicher in Jesus sterblich. Wir Sterblichen aber werden im ewigen Leben unsterblich.[3)]

Aber Jesus geht noch einen Schritt weiter als wir. Nicht nur das Urteil über sich und wer er ist, sondern sein ganzes Leben übergibt er am Ende konsequent Gott. Damit entzieht er es dem menschlichen Spott mit seiner Gemeinheit und der menschlichen Justiz mit ihrem Fehlurteil. Bei seinem Tod sagt er nicht mehr „Ich befehle meine Rechtfertigung in deine Hände", sondern „Vater, in deine Hände befehle ich meinen Geist". Und der Geist ist es zugleich, der aus toter Materie ein lebendiges Wesen macht. Nicht nur das Urteil über ihn, sondern viel mehr noch sein ganzes Leben legt er in die Hände Gottes. Und das ist eine hohe Hausnummer für uns, die wir nicht umsetzen können. Immer wenn wir selbst stark sein wollen, haben wir nämlich die Schwäche, dass wir uns selbst verwirklichen wollen, aber nicht Gottes Geist in uns zur Verwirklichung kommen lassen.

Drittens: Das ganze Leben Gott zu überlassen wäre die Botschaft, die ich die Erlösung der Menschheit nenne. Und ich sage „wäre", weil uns das nie ganz gelingen wird. Wie schon Adam und Eva im Paradies wollen wir immer wieder unser Leben selbst bestimmen, statt uns von Gott führen zu lassen. Wie diese beiden unternehmen wir immer wieder hilflose Selbstrechtfertigungsversuche, wenn etwas daneben geht.

Mir schenkte in jüngeren Jahren in Kanada mal eine Mitreisende in der Reisegruppe zum Abschied ein Schild, wie man es im LKW aufhängt: Da stand eben nicht mein Name drauf, wie man es sonst sieht, sondern die Botschaft „God is my Co - Pilot". Die Frau wusste ja, dass ich Pastor bin, und die Idee war sehr originell. Heute würde ich da aber gerne noch eins draufsetzen. Ich weiß, dass ich Gott in meinem Leben nur soviel Platz einräume, dass er nur mein Co-Pilot ist. Gott müsste eigentlich mein Pilot sein. Das ist nicht so, weil Gott es nicht anders wollte, sondern weil ich wie der Lkw-Fahrer das Steuer selbst in der Hand behalten will. Eigentlich aber wäre die Botschaft des Kreuzes nicht „God is my Co-Pilot" sondern „Gott ist mein Pilot."

„Ich befehle mein Leben", bei Luther steht „meinen Geist in deine Hände". Das letzte Wort Jesu ist nicht nur das Vermächtnis eines Sterbenden über seinen Nachlass. Sondern eigentlich sollten wir jetzt schon unseren Geist in seine Hände begeben. Nicht unser Geist ist entscheidend, sondern der Geist Gottes. Da ich dass aber nicht schaffe, sondern immer wieder mein Leben selbst steuern will, bin ich erlösungsbedürftig.

Dass wir gelegentlich Angst haben, wie Jesus am Kreuz vom Gerede der Leute verspottet und verurteilt zu werden, ist zumindest auch ein Symptom unserer Erlösungsbedürftigkeit. Wir beurteilen uns selbst strenger als Gott es tut und fürchten das Urteil der Leute. Wer das Urteil Gott überlässt, ist auch frei von seinem eigenen inneren harten Richter und vom Urteil

anderer Menschen. Wir sind wiederum erlösungsbedürftig, weil wir uns immer noch selbst rechtfertigen, statt uns von Gott rechtfertigen zu lassen. Nun könnte man sagen: Diese Haltung versteht kein Mensch.
Aber so ganz nebenbei schafft es Jesus gerade mit seiner schweigsamen, duldenden Haltung, einige Gegner zu beeindrucken. Der Hauptmann unter dem Kreuz wird der Leiter des Kreuzigungskommandos gewesen sein. Und ausgerechnet der Chef des Exekutionskommandos sagt, Jesus sei ein frommer Mensch gewesen, obwohl er sich verspotten lässt.
Wie war es bei Dietrich Bonhoeffer? Er muss einen seiner Wächter so beeindruckt haben, dass sein letztes Wort vor der Hinrichtung überliefert wurde. Er selbst oder ein mit ihm Hingerichteter hätte es kaum überliefern können. Wer sonst, wenn nicht ein Zeuge des Hinrichtungskommandos hätte Bonhoeffers letztes Wort der Nachwelt überliefern können, dass lautete. „Das ist das Ende. Für mich ist es ein neuer Anfang." Einen seiner Henker muss es so beeindruckt haben, dass es überliefert wurde. Wer war sonst überlebender Zeuge? Was aber die starke Seite des Über - sich - selbst - Hinauswachsens, die hier so beeindruckt? Es sind übernatürliche Kräfte, die nicht aus dem Menschen Dietrich Bonhoeffer kommen, sondern es ist, das ist meine Interpretation, die Frucht des Wirkens Gottes in ihm. Wie Jesus seine Sache Gott ganz überlässt, hat er auch zumindest die Seite in sich, durch die Gott in ihm wirkt. Ich lese das Gedicht „Wer bin ich?" [4)]
Ich wage folgende Deutung: Die schwache Seite, das ist Bonhoeffer als Mensch, wie er sich selbst kennt, wie er aus eigener Kraft war.
Die starke Seite, das ist ein Mensch, der nicht mehr aus eigener Kraft wirkt, sondern Gott in ihm. Wie gesagt, es fängt damit an, dass Jesus den Spott erträgt, damit Gott ihn verteidigt und über ihn urteilt. Die Dramaturgie der Kreuzigungsszene steigert sich, indem sich Jesus ganz, mit seinem ganzen Leben in die Hände Gottes begibt. Und er wird in der Auferstehung das Wirken Gottes in sich erfahren. Der Mensch stirbt, weil er am Ende der Kraft ist, bei der Kreuzigung. Aber Gott in ihm lebt.
Wahrscheinlich hat jeder von uns schon Momente gehabt, indem er spürte: In mir selbst ist alles leer. Aber ich erhalte neue Kraft von Gott.
Und immer dann, wenn ich mit meiner Selbstrechtfertigung und mit meinen Kräften am Ende bin, kann Gott in mir wirken. Und erst dann entdecke ich Stärken in mir, die ich an mir selbst nicht kenne. Und das geschieht, weil immer dann, wenn ich nicht mehr aus mir selbst wirken kann, Gott Raum hat in mir zu wirken. Er füllt das Vakuum wieder mit Kraft. Schon jetzt in meinem Leben ist jedes Scheitern ein Stück Kreuz und jede neue Kraft von Gott ein Stück Auferstehung. Wenn mir nichts anderes übrig bleibt, als Gott ganz die Rolle des Piloten im Leben spielen zu lassen,

bin ich ihm am nächsten. Die größte Chance, das Leben ganz Gott zu überlassen, haben wir nicht im Erfolg, weil mit ihm unser Stolz auf uns selbst wächst. Die größte Chance frei zu werden, haben wir immer dann, wenn unser Leben zu Scheitern droht. Denn genau dann erkennen wir, dass nur Gott unsere Sache retten kann. Das Kreuz schmerzt, ist aber auch die Befreiung. Nicht erst nach dem Tod, sondern schon in diesem Leben ist es sehr heilsam und eine Erlösung, wenn wir unseren Geist in Gottes Hände befehlen. Aber weil uns das selten gelingt, bleiben wir im Diesseits noch erlösungsbedürftig. Nach unserer Auferstehung dürfte das kein Problem sein, weil wir dann unser Leben nicht mehr zu verlieren haben. Amen.

Anmerkungen:

1) Man mag sich an Hand der Querverweise in der Bibel davon überzeugen, dass die ganze Kreuzigungsszene bei Lukas dem Psalm 22 nachempfunden ist. Es war der klassische Weg der Psalmbeter (z. B. 26,1), Gott um Recht in eigener Sache zu bitten. Ins Recht gesetzt aber wird Jesus von Gott nicht durch eigene Worte, sondern durch die Auferweckung von den Toten. Das ist zu viel Stoff für eine einzige Predigt, deshalb die Fußnote.

2) Vom „geistlichen Tausch" schreibt Klaus Berger, Jesus, München 2007, Vgl. dort 477ff; 216ff; 220ff.

3).Barth, K., Dogmatik im Grundriss, Zürich 1983[6,] S. 135 : „Wenn wir das zusammenhalten, so ist das Bild, das vor uns entsteht, das eines unbegreiflichen Tausches, einer katalage, d. h. Vertauschung. Darin geschieht die Versöhnung des Menschen mit Gott, dass Gott sich an die Stelle des Menschen setzt und der Mensch an die Stelle Gottes gesetzt wird ..."
Vgl. auch Kraus, H.J., Systematische Theologie im Kontext biblischer Geschichte und Eschatologie, Neukirchen-Vluyn 1983, 411f. zum Begriff katalage.

4) Aus urheberrechtlichen Gründen kann ich nicht das ganze Gedicht abdrucken.
Es findet sich in: Bonhoeffer, D. Widerstand und Ergebung. Briefe und Aufzeichnungen aus der Haft. Hrsg. von E. Bethge u.a. (Bd. 8 der Werkausgabe) Gütersloh 1998, S. 513f
oder in: Bonhoeffer, D., Widerstand und Ergebung, München (Kaiser Taschenbücher) 1990[14], 187.

**„Wer wälzt uns den Stein weg? - Malefiz mit dem Tod“
Kurzpredigt über Markus 16,3
Familiengottesdienst Ostersonntag 2011**

Liebe Gemeinde,

wer kennt das Spiel „Malefiz“? Das ist so eine Art „Mensch ärgere dich nicht“. Ich muss ein bestimmtes Ziel erreichen. Die anderen können mich dabei hinauswerfen oder sie können mir einen Stein in den Weg legen, sodass ich nicht zum Ziel komme.
Der Stein vor dem Grab Jesu hatte die Aufgabe, dass niemand so einfach in das Grab laufen konnte. Der Leichnam konnte nicht gestohlen werden, die Grabesruhe wurde nicht gestört. Aber auch die Frauen, die in guter Absicht kamen, um Jesus zu besuchen, wären nicht hineingekommen, wenn der Stein noch da gewesen wäre. Der Stein versperrt den Weg von den Menschen zu Jesus. Es liegen vielleicht auch Steine zwischen Gott und uns, die unseren Weg zu Gott zumachen. Ich weiß nicht, was ihre Steine bedeuteten, die Sie gerade da abgelegt haben. Vielleicht waren es Sorgen. Vielleicht aber auch etwas, was zwischen Ihnen und einem anderen Menschen stand. Vielleicht war es etwas, das zwischen Ihnen und Gott stand. „Malefiz“ heißt eigentlich die „schlechte Tat“. Die schlechten Taten, die Sünden sind es, die auf unserem Weg zu Gott als Steine im Weg liegen. Schön dumm ist ein Mitspieler übrigens, wenn er für Sie die Steine aus dem Weg räumt. So etwas ist zwar sehr nett, macht man aber nicht im Malefiz. „Du musst ein Schwein sein“ hätten die Prinzen gesungen. Oder gibt es doch einen, der Ihre Steine auf dem Weg zu Gott schon abgeräumt hat? Nicht nur die Grabestür ist auf, sondern auch der Weg zum Paradies, zu Gott, ist seit Ostern wieder offen. Ich sehe seit Ostern keine Steine mehr auf dem Weg zwischen Gott und uns. Wer aber hat denn bloß die Steine weggeräumt auf dem Weg zu ihm? Wer hat die Spielregeln geändert, dass wir nicht mehr „Malefiz“ spielen müssen, nicht mehr „Wie - du - mir - so - ich - dir“? Wer ist der Spielverderber, der dem Bösewicht, dem Teufel, die Steine geklaut hat? Haben Sie eine Ahnung?
Es ist, als ob wir nicht mehr „Malefiz“ spielen, sondern „Liebe deinen Nächsten“. Ja macht denn das noch Spaß zu spielen, wenn es nur noch Gewinner gibt? Da kommt ja jeder, der will, ins Ziel! Keiner legt keinem mehr einen Stein in den Weg und man wird auf dem Weg zu Gott auch nicht mehr vom Tod hinausgekegelt. Ist das ein merkwürdiges Spiel, seit Jesus die Steine weggeräumt und die Regeln geändert hat!

Mir aber scheint das Spiel, bei dem einer den anderen leben lässt, keiner mehr mit dem Kopf durch die Wand muss, und jeder ins Paradies kommen kann, viel schöner als vorher. Nur eins müssten wir noch selbst dazutun. Wenn der Würfel fällt, dann müssen wir in die richtige Richtung laufen, zu Gott nämlich. Die Steine sind weg. Aber wir müssen vorwärts zum Ziel laufen, nicht zurück und nicht stehenbleiben. Die Steine sind weg. Aber ein ganz klein wenig müssen wir noch mitmachen, um zum Ziel zu kommen. Die Steine sind weg! Der Herr ist auferstanden! Halleluja! Aber wohin mit den Steinen? Vielleicht kann man mit dem Glauben an Jesus daraus ja etwas bauen. Irgend so etwas wie ein Haus, das auf einem sicheren Grund steht. Man kann mit diesem Stein, der bei der Auferstehung weggeräumt wurde, ein neues Fundament für das Leben legen, das sturmfest ist. Man kann auf diesen Grund noch etwas bauen: „Jesus will uns bauen zu einem Tempel, zur Wohnung für den Heiligen Geist", so heißt es in einem Lied. Alles ist schöner, als wenn der Tod mit uns Malefiz spielt. Amen.

„Gott ist nicht (nur), wo der Himmel ist, sondern der Himmel ist da, wo Gott ist."
Predigt über 1. Könige 8,22-28 - Christi Himmelfahrt 2010

Liebe Gemeinde,

wenn man Kinder fragt, wie sie sich den Himmel vorstellen, dann kommt man in der Regel auf zwei Vorstellungen.
Die eine ist: Gott sitzt auf einer Wolkenbank - der Himmel befindet sich, wie wir sagen, oben, fern von der Erde. Die andere, die uns immer wieder begegnet, habe ich in dem Lehrfilm für den Konfirmandenunterricht gesehen mit dem Titel „Der liebe Gott im Schrank".[1)] Ein etwa siebenjähriges Mädchen geht auf dem Heimweg von der Schule in eine Kirche. Dort ruht sich auf einer Bank ein Wohnungsloser aus und schnarcht laut. Die Putzfrau weckt ihn, stößt ihn mit dem Schrubberstil an und schimpft: „Mein Gott". Das Kind kombiniert: Da Gott in der Kirche wohnt, muss dieser Mann der liebe Gott sein. Für dieses Kind wohnt der liebe Gott schon auf Erden, aber er hat in der Kirche sein Zuhause. Als sie mit dem Obdachlosen mitgeht und ihn näher kennenlernt, spricht er zu ihr, dass er überall und nirgends zuhause sei. Und genau das hat ja etwas mit der Allgegenwart Gottes zu tun.
Der Gott über den Wolken und der Gott, der in einem fest gemauerten Gotteshaus wohnt - beide waren einst Vorstellungen Erwachsener, die auch im Alten Testament ihren Niederschlag gefunden haben. Mose naht Gott in einer Wolke auf einem hohen Berg. Salomo baut ihm einen Tempel. Gott hinter den Wolken und Gott im Tempel, beides sind für uns Kinderbilder geworden. Sie sind es geworden sage ich, weil es Erwachsenenbilder waren, die aber in die heutige Zeit übersetzt werden müssen. Den Gott, der ganz oben ist, finden wir noch im Glaubensbekenntnis vor, er ist „aufgefahren in den Himmel". Diese Vorstellung bestimmt auch meist noch unser inneres Bild von Christi Himmelfahrt. Die Jünger gehen auf einen Berg, und Jesus verschwindet vor ihren Augen in einer Wolke. Danach gucken sie ein Loch in die Luft, denn er ist in ihren Augen nicht mehr da. Und genau das bekommen sie auch gesagt: Was guckt ihr in den Himmel? (Apg. 1,11) Dafür wird ihnen der Heilige Geist zu Pfingsten versprochen, als ständiger Begleiter, als Einlösung des Versprechens Jesu, alle Tage bei ihnen zu sein bis zum Ende der Erde.
Im blauen Himmel sind für unsere Kinder die Verstorbenen gut aufgehoben, der Opa, die Oma und die Tiere. Selbst das moderne Märchen vom Kleinen Prinzen bestätigt diese Vorstellung noch. Als der Prinz, der

eigentlich auf einem kleinen Planeten zuhause ist, sich auf der Erde von seinem Freund, dem Fuchs, verabschiedet, sagt er: „Das ist ein wenig wie Sterben. Aber wenn du nachts in den Himmel schaust, dann lacht der Himmel, denn auf einem der Sterne wohne ich.“ [2)]

Doch das moderne Denken hat den Himmel längst relativiert, seitdem es kein Oben und kein Unten mehr gibt, weil die Erde rund ist. Damit hat übrigens nicht die Naturwissenschaft oder Galilei angefangen, sondern Gott selbst. Der, der ganz oben im Himmel war, kam nach ganz unten, ins unterste Unten, im Stall und am Kreuz, um wieder in den Himmel aufzusteigen (vgl. auch Phil. 2,5-11). Der russische Kosmonaut Gagarin, der als erster Mensch durch das Weltall flog, hat sich über diese Vorstellung vom Himmel lustig gemacht, indem er sagte, er sei dort oben Gott nicht begegnet. Wenn diese Vorstellung vom Himmel also nicht mehr „geht“ - was dürfen wir uns dann vorstellen?

Dass der Himmel nicht mehr nur im Himmel ist, birgt auch eine Riesenchance in sich. Wir dürfen nur das alte Bild nicht verabschieden, ohne eine andere neue Vorstellung zu haben. Wir wissen, dass die Erde keine Scheibe mehr ist, sondern rund, und dass es kein „Oben“ und „Unten“ mehr gibt, weil die Leute in Australien auch nicht auf dem Kopf herumlaufen. Aber das Weltall ist das, was die Erde von allen Seiten umgibt. Und so glauben wir auch, dass der Himmel überall ist, und uns Gott überall umgibt. Jesus steigt nicht nur auf einen Berg, um ganz oben zu verschwinden. Es rollt kein Thronwagen an, der ihn entführt, wie bei Elia im Alten Testament (2. Könige 2). Er verschwindet vielmehr zusehends vor ihren Augen wie in einem Nebel. Die materielle Substanz wird immer blasser. Er löst sich in die Unsichtbarkeit auf. Aber gerade damit umgibt er uns von allen Seiten, wie Wasser, das verdunstet, aber uns in anderer Form als Wasserdampf in der Luft umgibt. Wir wissen heute, dass die englische Sprache unterscheiden kann zwischen „sky“ und „heaven“: „Sky“ ist das Weltall, die Amerikaner nannten eine Weltraumfähre „Skylab“, also „Weltraumlabor“. „Heaven“ hingegen ist der Ort, wo Gott wohnt, oder auch, wo die Menschen wohnen. Dieser Himmel spielte in den Predigten Jesu eine ganz wichtige Rolle. Er nannte es „Himmelreich“ oder „Reich Gottes“.

Und in diesem Reich Gottes sollten eben nicht nur Gott und seine Engel einen Platz haben, sondern auch die Menschen, wie die zahlreichen Gleichnisse zeigen, insbesondere die vom Gastmahl, zu dem wir eingeladen sind. Zu Weihnachten und in der Offenbarung geht Gott sogar noch einen Schritt weiter. Weil kein Turmbau zu Babel hoch genug ist, um in den Himmel zu kommen, und Gott das auch nicht wollte, kommt Gott auf die Erde. Zu Weihnachten kam er in einem kleinen Kind, und nach der Offenbarung (21,3), nimmt er am Ende auf der Erde eine Wohnung. „Siehe da, die Hütte Gottes bei den Menschen". In der Tat ist da etwas auf den Kopf gestellt: Früher war Gott unnahbar im Himmel. Selbst Mose musste sein Angesicht verhüllen, als Gott auf dem Berg Sinai vorbeizog. Das Volk war durch eine Rauchwolke geschützt. Früher war Gott da, wo der Himmel ist - weit weg und oben - und das war die Vorstellung von Heiligkeit. Wie der Mensch Gott dem Glanz der Sonne nicht zu nahe kommen durfte, um nicht zu verglühen, so durfte er Gott nicht zu nahe treten. Im Alten Testament ist er bei Salomo schon eine Stufe vom Himmel hinabgestiegen auf die Erde, wenn er im Tempel wohnt. Die zweite Stufe wird im Neuen Testament zu Weihnachten erreicht, wenn er in Jesus ganz auf der Erde wohnt.

In Salomos Vorstellung vom Tempel wohnt er schon auf der Erde, im Allerheiligsten, und nur einmal im Jahr darf sich ein einziger Mensch, der Hohepriester, diesem Allerheiligsten nahen. Der Predigttext stammt von der Einweihung des ersten Tempels, den König Salomo baute. Aber schon Salomo steht in einem Zwiespalt: Einerseits will er selbst nicht im Königspalast schön und luxuriös wohnen und Gott keine Wohnstätte bauen, andererseits weiß er, dass selbst der Himmel zu klein ist, um Gott zu fassen, und erst Recht der Tempel.

Es ist kein Prunk, sondern eine Akt der Demut, dass Salomo Gott ein Haus bauen will, obwohl er weiß, dass dieses Haus ihn nicht fassen kann. Und wie verhält sich das zum Himmel? Es wäre wohl eine gewisse Karikatur, von einem Zweitwohnsitz des großen Gottes auf der Erde zu sprechen. Israel musste in seiner Geschichte mehr als einmal erleben, dass auch der Tempel als Wohnsitz Gottes nicht ewig Bestand hat, sondern wohl nur ein Symbol war. Wäre Gott an den Tempel gebunden gewesen, der Glaube hätte das babylonische Exil nicht überlebt und erst recht nicht den Zustand, dass Israel fast 2000 Jahre lang ohne Land und in alle Länder zerstreut war. Aktueller für Gevelsberg und für die Kirche ist folgendes Bild: Ich sage es immer wieder: Sicherlich werden wir Gemeindehäuser und Kirchen brauchen, um uns Gott zu nahen. Aber durch den Verlust eines Gotteshauses hört Gott nicht auf zu leben. Heute können wir sogar unter freiem Himmel feiern. Vielleicht zogen die Christen überhaupt erst von den Marktplätzen hinter Mauern, weil sie sich schützen mussten. Tempel und Kirchen repräsentieren Gott in der Öffentlichkeit.

Und wenn sie nicht mehr sind oder anderen Zwecken dienen, dann ist das zwar schmerzhaft, aber der Gott Israels hat auch ohne Tempel in der

Zerstreuung überlebt, genau wie die Kirche vielleicht sogar lebendiger war, als sie nur Katakomben zur Verfügung hatte und keine Kathedralen.
Die Kirche in der Mitte des Dorfes ist schon ein gewaltiges Symbol, dass Gott Lebensmittelpunkt sein soll, und wenn der Turm höher ist als alle anderen Gebäude, dann hat das genauso eine Aussage, wie wenn in New York die Kirchen in den Straßenschluchten zwischen den Wolkenkratzern verschwinden. Die Silhouette von Köln wird vom Dom bestimmt, die Silhouette von Frankfurt von den Wolkenkratzern der Banken. Beides hat ungeheure Symbolkraft und zeigt, wonach wir unser Denken ausrichten. Freilich sind die Kirchen dennoch zeitlich und nicht ewig und Gott ist dort genauso zuhause, wie an jedem anderen Ort. Auch da würde ich formulieren: Jesus ist nicht, wo die Kirche ist, sondern die wahre, heilige christliche Kirche ist, wo Jesus ist. Noch einmal: Wir sagten gerade: Gott ist nicht da, wo der Himmel ist, sondern der Himmel ist da, wo Gott ist. Und wenn die Offenbarung sagt, er werde wieder in einer Hütte auf der Erde wohnen, dann ist das so, dass er auch auf der Erde wohnt. Das heißt nicht, dass er im Weltall nicht zu finden wäre.
Was aber ist dann mit dem Tempel? Es gibt nicht wenige Bilder im Neuen Testament und in den Gesangbuchliedern, in denen wir als Menschen der Tempel sind, wo der Geist Gott wohnt, mal in unseren Herzen, mal im menschlichen Geist. „Herr komm in mir wohnen, lass mein' Geist auf Erden, dir ein Heiligtum noch werden." (EG 165,8) Das ist sozusagen die dritte Stufe: Im Alten Testament nimmt er auf der Erde Wohnung im Tempel, so stellt es sich Salomo vor. Zu Weihnachten wohnt er im Fleisch eines Menschen. Durch den Heiligen Geist, den es zu Pfingsten gibt, wird die dritte Stufe erreicht worden. Er wird drittens in uns wohnen.[1)] Paulus etwa braucht das Bild vom menschlichen Leib als Tempel Gottes (1. Kor. 3,16), obwohl der Tempel zu seiner Zeit noch nicht zerstört war! Paulus wirkte etwa um 50 nach Christus. Der Tempel wurde im Jahr 70 zerstört. Auch kann Paulus das Bild vom menschlichen Leib als provisorischen Zelt, als Hütte gebrauchen, dem ein ewiger Leib im Himmel folgen wird (2. Korinther 5). Die Pointe ist: Die meisten Menschen können mit dem Fest Christi Himmelfahrt nichts anfangen und feiern Vatertag, weil sie sich bildlich nichts vorstellen können und denken: Nun ist Jesus ganz weit weg. Selbst Zwingli kam im Abendmahlsstreit mit Luther noch zu dem Ergebnis, wenn da stünde, er säße zur Rechten Gottes, dann könne er nicht beim Abendmahl anwesend sein. Woraufhin Luther das Gegenteil betonte, dass er mitten unter uns ist, und in den Elementen sogar in Leib und Blut gegenwärtig. Genau das ist der Punkt, auf den es ankommt.

Die Menschen denken: Nun ist Jesus ganz weit weg. Das Gegenteil ist der Fall. Jesus im Fleisch konnte immer nur an einem Ort sein und sich auch nur immer einem Menschen bei einer Heilung zu wenden, nur immer in einem Dorf predigen. Zu Himmelfahrt aber wechselte er wieder von der Sphäre der Sichtbarkeit in die Unsichtbarkeit. Damit entschwindet er nicht an einen fernen Ort, sondern im Gegenteil ist er nun an jedem Ort der Erde und überall präsent. „Du bist da wo Menschen wohnen" klingt ein modernes Lied „Wo die Liebe wohnt, da ist unser Gott" ein Anderes. Der Zwischenschritt ist: Jesus verschwand ins Unsichtbare, in „den Himmel". Der Heilige Geist aber wirkt in uns. Gott steigt in Jesus und im Geist „hinunter vom Himmel", weil der Mensch von sich aus nicht in den Himmel kommen kann. Wenn sein Reich kommt, dann geschieht sein Wille wie im Himmel, so auch auf Erden. Aber mehr noch: Für die Endzeit ist uns dann versprochen, was alle Tempelbaumeister nur symbolisch bauen konnten: Gott wohnt wirklich auf Erden. Und in seiner Nähe ist eine Sphäre des Heils. Der Tod wird nicht mehr sein, noch Leid, noch Geschrei wird sein, steht in der Bibel. Wo Gott wohnt, da ist in der Tat der Himmel auf Erden wieder hergestellt wie im Paradies. Davon können wir im Moment nur träumen, aber das ist eine Vision. Noch einmal die wichtigsten Sätze:

1) Gott wohnt nicht, wo der Himmel ist, sondern der Himmel ist, wo Gott wohnt. Wir singen gleich „Wo die Liebe wohnt, da wohnt unser Gott."

2) Jesus ist seit Himmelfahrt nicht ganz fern, sondern ganz nah, weil er nun überall ist. Das haben wir gesungen: „Gott ist gegenwärtig."

3) Weil der Mensch nicht von sich aus zu Gott kommen kann, kommt Gott zu uns, zunächst in Fleisch und Blut in Jesus, und dann im Geist. Wer den Himmel denken will, muss in den drei Personen der Dreifaltigkeit denken.[3)] Und dann gilt: Wo Gott ist, ist der Himmel. Nur so ist es zu verstehen, wenn Jesus, aller Wirklichkeit zum Trotz, sagen kann, „Das Reich Gottes ist mitten unter euch". Auch das werden wir singen: „Der Himmel geht über allen auf, auf alle über, über allen auf. Amen.

Anmerkungen:

1) Als Videocassette erhältlich im Katholischen Filmwerk, Frankfurt am Main, 1985 aufgelegt

2) Saint-Exupéry, A. de; Der Kleine Prinz, Düsseldorf 2000 [9)], Kapitel XXVI, S. 113-120.

3) Auch dieser trinitarische Ansatz findet sich bei Klaus Berger, Jesus, München 2007, 77. „Denn der eine, unfassbare Gott begegnet uns unter diesen drei Namen oder Personen ... Eben weil Gott nicht nur der Erhabene und weltferne Gott über uns ist ..., sondern weil er es nicht verschmäht, in dem Menschen Jesus uns zu begegnen, und weil er noch eine zweite Selbst-Erniedrigung vollzieht: Er verschmäht es überdies nicht, im Herzen jedes Christen als Heiliger Geist zu wohnen."

„Wer mit dem Geist sieht, ist klar im Vorteil."
Apostelgeschichte 2,1-18 - Pfingsten 2010

Liebe Gemeinde,

es ist Pfingsten. Aber wissen Sie, was Pfingsten bedeutet?
Bei einer Straßenumfrage würde wohl höchstens jeder Dritte eine vage Ahnung über die wahre Bedeutung von Pfingsten haben. Ich erlebe das so: Es gibt Grundschulen, in denen etwa ein Drittel der Kinder überhaupt noch einer Kirche angehören und mindestens ein Drittel muslimische Kinder sind. Der Rest hat gar keine Konfession. Und garantiert wissen mehr Schulkinder, aber auch erwachsene Menschen, was der Ramadan ist, als dass Sie wissen, wozu wir unser dritthöchstes christliches Fest nach Ostern und Weihnachten feiern. Mit meiner Frage nach der Bedeutung von Pfingsten meine ich nicht die ersten vorsommerlichen Tage und die Ausflüge. Ich meine nicht drei bis vier Tage Ferien und nicht die 600 Kilometer Stau auf deutschen Autobahnen. Ich meine die geistliche Bedeutung von Pfingsten. Und damit habe ich schon das erste Stichwort genannt: „Geistlich" kommt von „Geist". Pfingsten ist das Fest des Heiligen Geistes. Da aber der Geist unsichtbar ist, hat kaum einer eine Vorstellung davon. Kinder denken an ein Gespenst, aber was denken Erwachsene? Vielleicht, wenn es gut läuft, denken sie noch an so etwas wie an den Teamgeist, an mehr nicht.
Andere Feste haben klare Zeichen und Symbole. Unter der Geburt Jesu zu Weihnachten kann sich jeder etwas vorstellen. Und typische Symbole von Weihnachten - etwa die Lichter, der Tannenbaum, die Krippe, die kann man auch sehen. Also ist Weihnachten das Fest, das am meisten gefeiert wird. Wie aber ist es mit dem Heiligen Geist zu Pfingsten? Was ist überhaupt der Heilige Geist? Wann kommt er zuerst in der Bibel vor? Da stellen wir erstaunt fest, dass er schon in der Schöpfungsgeschichte vorkommt, gleich in den ersten Versen. Die Erde war noch wüst und leer und der Geist Gottes schwebte über den Wassern. Der Geist hat also etwas Schöpferisches. Er ist schon an der Entstehung des Lebens beteiligt. Man stellte sich das so vor: Das Urmeer war mehr ein Brei als nur Wasser. In ihm schwamm Materie, und Gott formte aus diesen Materieteilchen im Urmeer das Land und alles, was darauf lebte. Über allem, der Materie gegenüberstehend, schwebte aber der Geist. „Der Geist Gottes schwebte über den Wassern". Ein Professor malte uns dazu mit Worten das Bild des Adlers, der seine Jungen ausbrütet. Wie auch immer - der Geist machte die tote Materie lebendig. Millionen Sterne und Planeten sind da, aber sie leben

nicht. Es ist uns nur von der Erde her bekannt, dass es Leben auf ihr gibt. Der Geist, der das Leben geschaffen hat, steht im Gegensatz zur Materie. Deswegen taucht er auch zum zweiten Mal in der Bibel auf, wo Gott den Menschen ins Leben ruft, in Kapitel zwei der Bibel. Die Geschichte ist uns bekannt. Gott nimmt einen klumpen Lehm aus der Erde und formt den Menschen. Dann bläst er ihm seinen Atem ein. „Odem“ steht in alten Bibeln. Das Wort das da auftaucht, ist nicht ganz das, was im ersten Bibelvers mit „Geist“ übersetzt wird. Eher ist es mit „Leben“, „Seele“ übersetzt worden. Am besten wohl mit „lebendigen Atem“. Umgekehrt aber gibt Jesus am Kreuz mit dem Tod seinen Geist zurück in die Hände Gottes (Lukas 23,46 nach Psalm 31,16). Der Geist macht also doch den Unterscheid zwischen einem toten und einem lebendigen Menschen. Das ist gut beobachtet und man sieht es, wenn ein Mensch gerade gestorben ist. Der Körper ist noch da, aber als Erstes setzt in der Regel der Atem aus. Die Hülle ist noch da, aber der Mensch lebt nicht mehr weiter. Übrig blieb der Körper, der Leichnam, der zu Grabe getragen wurde. Das Gegenüber von Geist und Materie ist genau das Problem der modernen Zeit. Es gibt viele Menschen, für die es keinen Geist und keinen Glauben mehr gibt. Für sie ist das Materielle alles. „Lasst uns essen und trinken und fröhlich sein, denn morgen sind wir tot.“ so zitiert schon Paulus diese geistlose Einstellung. Der Geist hilft aber, einen tieferen, als nur den vordergründigen, materiellen Sinn zu sehen. Je nachdem, ob wir mit den Augen des Geistes oder des Körpers sehen, urteilen wir ganz unterschiedlich. Es ist, als ob uns jemand eine Brille aufsetzt, durch die man Schwarz-Weißes farbig sehen kann, oder durch die alles Platte, Zweidimensionale plötzlich dreidimensional mit der zusätzlichen Dimension der Tiefe erfahrbar ist.

Ich hatte einmal einen Freund und Kollegen, der sagte mir: „Ich habe eine Hormonstörung“. Die Chemie im Körper spielte verrückt. Er war verliebt und freute sich wenig über diesen Zustand. Er sah die tiefere Bedeutung und die schönen Gefühle der Liebe nicht mit Augen, konnte sie nicht mit Händen greifen, und konnte die Liebe auch nicht genießen. Ohne Geist ist alles nur Chemie und Biologie - mit Geist hat es aber einen tieferen Sinn. Ohne Geist ist unser ganzes Leben nur ein Ablauf biochemischer Prozesses oder physikalisch messbarerer Reize der Nerven. Das Leben ist Zellteilung, bis der Atzt kommt. Zum letzten Male kommt er, wenn man stirbt.

Aber natürlich sieht man das in der Dimension des Geistes anders. Das Leben ist von Gott gewollt. Es hat bei Gott wieder ein Zuhause und ein Ziel am Ende: Das ewigen Leben. Ob der Geist die Welt verändert, ist die eine Sache. Er verändert erst einmal unsere Wahrnehmung der Dinge, und weil

wir die Dinge anders sehen und empfinden, ändert sich die Welt. Oft bleibt sie sogar äußerlich unverändert und doch die Gleiche. Die Liebe selbst, von der ich sprach, hat auch eine körperliche und eine geistige Funktion. Die rein körperliche Liebe ist käuflich, genauso wie man sich fast jede andere Arbeit als Dienstleistung kaufen kann, ohne Gefühle zu entwickeln. Dass dies aber nicht die wahre Liebe ist, weil ihr der Geist völlig fehlt, dürfte klar sein. Und auch bei der Nächstenliebe gibt es solche, die einem bezahlt die Tasche tragen, und es gibt Menschen, die diese niederen Dienste sogar ohne Geld mit dem Geist der Liebe gerne tun. Aber auch die professionelle Pflege gelingt nur, wenn die Pflegerin oder der Pfleger Wärme ausstrahlt. Äußerlich mag man noch nicht einmal einen großen Unterschied sehen, innerlich spürt man den unterschiedlichen Geist schon.
Auch wie wir das Leben bewerten, ist mit und ohne den Geist sehr unterschiedlich. Wir sind ganz knapp an einem schweren Unfall vorbeigekommen und wir deuten das Erlebte. Der eine Gerettete sagt: Glück gehabt! Der andere sagt, „Gott hat mich vor etwas bewahrt".
Wer mit dem Heiligen Geist sieht, der sieht bunter und tiefer. Wer mit dem Geist fühlt, der fühlt auch Vertrauen und Bewahrung.
Der eine sieht im Leben ein Theaterstück, indem er die einzelnen Szenen sieht, aber den Sinn und das Drehbuch nicht kennt. Er sieht soviel, wie sein Auge sieht, denn ein Auge denkt und fühlt nicht. Der andere Mensch aber sieht den Regisseur, der die Fäden zieht. Mit Hilfe des Geistes sieht er Gott. Der eine sieht nur zwei Autos, die beinahe zusammengestoßen sind, der andere erkennt einen Sinn dahinter. Der eine sagt „Mehr Glück als Verstand gehabt", der andere redet von Gottes Hand oder vom Schutzengel. Und so erfahren wir mit dem Geist Gottes plötzlich Geborgenheit in einer rauen, bedrohlichen Welt.
Der eine sagt bei einer Operation, die gelungen ist: Das war ein guter Arzt. Und selbst wenn dem so ist. Der andere, mit dem Geist ausgerüstet, sagt, Gott hat die Hand des Arztes sicher geführt. Der eine glaubt und hat den Geist, der andere sieht nur die Materie und das, was vor Augen ist. Beide erleben das Gleiche anders. Davon redet eben auch die Pfingstgeschichte. Die Apostel stehen vor den Leuten und erzählen. Die einen erleben das Wunder, sie in ihrer Muttersprache zu hören. Die anderen hören nur Gelalle und sagen: Die sind voll des süßen Weines, also betrunken.
Übrigens ist das zweitausend Jahre alte Neue Testament moderner als wir denken, weil es sehr treffend die Menschen beschreibt. Bei Paulus gibt es nämlich schon das, was es heute auch noch gibt. Wenn wir heute beklagen, dass die Menschen immer egoistischer werden, hat das damit zu tun, dass sie nur für die Werte leben, die man sehen und die man sich kaufen kann.

Das gibt es bei Paulus auch: Es gibt Menschen, die leben nach dem Fleisch, und Menschen, die leben nach dem Geist. Wer zum Beispiel ohne den Geist lebt, nicht an die Auferstehung glaubt, der glaubt eben, dass nach 70 oder 80 Jahren, am Ende der Zellteilung, alles vorbei ist.
Paulus sagt sogar: Wenn es keine Auferstehung gibt, dann sind wir ohne Hoffnung. Dann lasst uns essen und trinken, bevor es zu spät ist.
Was zunächst sogar besser aussieht, das Genießen, das Leben im Fleisch, das Leben wie die Made im Speck, führt aber zum Ende hin zwangsläufig immer zum Verlust. Irgendwann ist es „Schluss mit lustig" und mit genießen. Irgendwann vergeht das Fleisch, weil es alt wird.
Wer aber auf unsichtbare, ewige Werte setzt, der wird sie nicht verlieren. Das Leben nach dem Geist geht anders. Die ersten Christen teilen nach Pfingsten Hab und Gut, weil das Materielle für sie an Bedeutung verloren hatte. Für sie zählten nur der Geist und die Wiederkunft Christi.
Das ist das Leben nach dem Geist. Und aus diesem Geist heraus kann man lieben und abgeben. Die meisten Menschen leben materiell und nicht geistlich: Sie arbeiten, verdienen Geld, geben es wieder aus. Sie erfreuen sich, so lange es geht, und wissen genau, dass das nicht alles sein kann. Das ist der springende Punkt. Im Alter ist es vorbei mit Geld verdienen und ausgeben. Man muss viel abgeben und ist dabei sehr bescheiden geworden. Jeder Gang durch ein Seniorenheim lehrt mich Demut und Dankbarkeit. Diese Menschen mussten bis auf den Inhalt eines Schranks und eines Nachttisches alles abgeben, was sie einmal besaßen. Aber vielleicht erkennen sie besser, dass das Leben eben auch einen tieferen Sinn hat und nicht nur materiell ist. Welch eine Vision ist das, wenn in der Pfingstgeschichte der Prophet Joel zitiert wird, und die Alten noch Träume haben. Da steht eben nicht: Aus der Traum! Da steht indirekt: Ja, ihr Alten, ihr habt noch Hoffnung und Zukunft, und deshalb habt ihr noch Träume. Und die letzte Bleibe ist nicht das Altersheim, sondern das Reich Gottes. Alles das kann man nicht materiell sehen, sondern nur mit dem Geist.
Wir sehen mit dem Geist, dass wir von Gott herkommen und wieder zu ihm zurückgehen. Wer mit dem Geist sieht, sieht mehr. Es ist, als hätte er in einer Welt, in der alles grau ist, eine farbige Brille auf.
Und noch einmal begegnet uns das in der Pfingstgeschichte. Es ist schon merkwürdig. Die Frauen und die Jünger sind doch längst dem Auferstandenen begegnet, aber sie verstecken sich. Sie trauen sich nicht, die Geschichte zu erzählen, vielleicht weil man sie für verrückt hält. Stellen Sie sich vor, wir hatten gestern eine Beerdigung, und morgen behaupten Sie allen Ernstes, sie sein dem gerade noch zu Grabe Getragenen begegnet. Man würde Ihnen raten, einen Arzt zu konsultieren.

Vielleicht aber hatten die Jünger auch nur Angst, selbst das Schicksal Jesu teilen zu müssen und gekreuzigt zu werden. Jedenfalls passiert nach Ostern erst einmal nicht viel, obwohl sie dem Auferstandenen begegnet sind. Viel mehr passiert erst, als der Geist Ihnen die Angst nimmt und Mut und Kraft verleiht, an die Öffentlichkeit zu gehen. Mit dem Heiligen Geist beginnen die Jünger diese Ängste zu verlieren. Ohne den Heiligen Geist ist keine Hoffnung. Mit dem Heiligen Geist aber entdecken sie die Waffe, die ihnen Mut gibt und die Hoffnung, die sogar auf andere ansteckend wird.

Sie wissen nun, dass das Leben im Geiste Gottes mehr ist, als nur im Leib. Sie wissen, dass der Tod ihnen nicht alles nimmt. Sie haben den Auferstandenen gesehen - na und? Erst die Gewissheit im Glauben, dass nicht nur Jesus auferstanden ist, sondern dass sie selbst auferstehen werden, ist der Durchbruch. Denn nun hat der Tod keine Macht mehr über sie. Sie brauchen keine Angst mehr zu haben, alles zu verlieren, weil sie schon das unverlierbare ewige Leben in sich spüren. Ohne den Geist sieht man nur das Ende. Mit dem Geist aber bereits den neuen Anfang.

An Hand unserer beiden Sakramente wird auch deutlich, was man mit dem Geist sieht, und was man ohne ihn wahrnehmen kann. Die Taufe bedeutet ohne den Geist nicht mehr als drei Spritzer Wasser. Wir waschen uns jeden Tag, ohne dass der Heilige Geist weht. Es wird uns dabei höchstens heiß, wenn wir den falschen Kran aufdrehen. Mit dem Geist aber sehen wir, wie der Getaufte ein neuer Mensch wird. Wir nehmen wahr, wie die Taufe auch Abwaschung von Schuld ist, und das Untertauchen der Tod und das Wiederauftauchen das neue, ewige Leben. Das Waschen an sich ist es nicht, das Wasser auch nicht. Es ist der tiefere Sinn, auf Christus getauft zu sein, der dahinter steht. Martin Luther war wohl, wie damals üblich, einen Tag alt, als er getauft worden ist. Aber in einer der brenzligsten Situationen des Lebens, bei einem Verhör, gab ihm die Taufe, an die er sich vermutlich nicht erinnern konnte, Mut, das Verhör durchzustehen mit den Worten „Ich bin getauft."

Und was ist mit dem Abendmahl? Wir essen und trinken jeden Tag. Genauso waschen wir uns jeden Tag. Mit dem Geist aber sieht man einen tieferen Sinn. Es ist nicht nur ein Stück Brot und ein Schluck Wein. Mit dem Geist aber ahnen wir, dass es um das Leben und Sterben Christi geht. Ohne den Geist stellen wir uns gleich im Kreis auf, mit dem Geist aber wissen wir, dass uns der Herr gleich selbst an seinen Tisch bittet. Amen.

„Die Kinder des Alten und Neuen Bundes - die schwierige Patchworkfamilie Gottes“ - Predigt über Römerbrief 9,14-24
Am Israelsonntag oder 10. Sonntag nach Trinitatis

Liebe Gemeinde,

mir begegnet hier ein ziemlich provozierender Text, der aber eine uralte Frage aufgreift: Ist Gott ungerecht? Hat er seine Lieblingskinder? Unser modernes, aufgeklärtes Denken sagt doch: Es kann und darf nicht sein, dass einer bevorzugt wird. Es gilt der Gleichheitsgrundsatz, auch wenn George Orwell in der Animal Farm ironisch zum Grundgesetz erhoben hat: „Alle Tiere sind gleich, aber einige sind gleicher.“

Gott ist Schöpfer aller Menschen und hat doch sein Volk Israel im Alten Bund. Die Kirche nennt sich in der Sprache des Neuen Testaments ganz unbescheiden „ekklesia“. Das heißt übersetzt die „Herausgerufene“ und damit hält sie sich für die von Gott Auserwählte. Sind auch vor Gott einige gleicher als andere? Hat Gott seine Lieblinge?

Kain hat mit dem ersten Mord der Menschheitsgeschichte sicherlich völlig unangemessen überreagiert. Aber es wurmte ihn, warum Gott seine Opfer nicht zu schätzen wusste, die Opfer seines Bruders aber sehr wohl annahm. Und warum Gott das tat, steht nirgends genau erklärt. Ich kenne im privaten Bekanntenkreis und aus der Seelsorge einige Beispiele, die zeigen, wie fatal es unter Geschwistern sein kann, wenn immer einer meint, der andere würde bevorzugt. Das geht nie gut.

Entweder es gibt Krach unter den Geschwistern oder der Benachteiligte sucht sich ein anderes Ventil. Ich habe mindestens zwei Klassenclowns kennengelernt, die nur deshalb immer im Mittelpunkt stehen mussten, weil sie zuhause weniger als ihre Geschwister beachtet worden sind, oder das zumindest glaubten. Und wie ist das in den sogenannten Patchworkfamilien? Wenn beide Eltern zum zweiten Male heiraten, sammeln sich oft Kinder aus drei Ehen in einer Familie. Wie oft entsteht da der Eindruck, dass ein Elternteil seine eigenen Kinder gegenüber denen des anderen bevorzugt? Das Thema ist übrigens nicht neu. Wer kennt nicht die bösen Stiefmütter in den Grimmschen Märchen? Die Mutter im Märchen liebt ihre eigenen Kinder mehr als die Kinder ihres Mannes.

Was hat das mit Gott zu tun? Auch die erste Christenheit ist, wenn sie so wollen, eine Patchworkfamilie gewesen. Gott war zwar nicht zweimal verheiratet, aber es gibt einen Alten und einen Neuen Bund. Und sowohl für die Kirche im Neuen Testament als auch für Israel im Alten wird das Bild der Braut oder Geliebten Gottes verwandt. In den ersten Gemeinden sind, wenn sie so wollen, Kinder aus beiden Ehen Gottes. Es gibt Christen, die einst Juden waren, in der römischen Gemeinde des Paulus. Und es gibt die neu dazugekommenen Heidenchristen, die nie eine jüdische Mutter hatten. Beide sind Kinder und nun gehören sie zur gleichen Familie Gottes, der Gemeinde. Der Knatsch ist vorprogrammiert.

Die älteren Geschwister sind meist Platzhirsche, die alles besser wissen, und deren Lieblingswort „immer“ ist. Die meinten natürlich, die Jüngeren belehren und dominieren zu müssen. Die „Neuen“ sollten sich z.B. an die jüdischen Speisegesetze halten oder beschneiden lassen.

Mit Zeitverzögerung haben sich leider die jüngeren Geschwister, die Christen, an den Älteren bitter gerächt. Sie behaupteten später, Gott hätte seine Kinder aus dem ersten Bund nicht mehr lieb. Die allein seligmachende Kirche wollte Allein-Erbin der Verheißungen sein. Also lehrte man, Gott habe sein Volk Israel verstoßen. Die bittere Spitze dieser Saat war dann die Nazi-Propaganda: Die Juden hätten Christus umgebracht und Gott hätte sie dafür verstoßen. Kain und Abel ließen grüßen, als die jüngeren Geschwister die Älteren grausam töteten. Der Römerbrief steht genau an der Stelle, an der dieser Zündstoff in der Patchworkfamilie Gottes entstanden ist. Es ist im Keim alles vorhanden, was zu dem Jahrtausende dauernden Geschwisterstreit zwischen Juden und Christen führte, nur mit dem einen Unterschied, dass man damals noch unter einem Dach lebte und die Füße unter den gleichen Abendmahlstisch streckte. Den Einwand, „hat Gott sein Volk verstoßen?“, nämlich Israel, behandelt Paulus sicherlich nicht ohne Not, sondern wahrscheinlich, weil dieser Blödsinn schon als Spaltpilz in den christlichen Gemeinden steckte. Vermutlich gab es damals schon welche, die diese Gehässigkeit unter Geschwistern verbreiteten.

Paulus muss nun argumentativ Spagat turnen. Er war ja selbst Jude, ist aber außerhalb Israels aufgewachsen. Einerseits galt es zu bewahren, dass Gott seinem Volk Israel treu ist, andererseits verbreitete er eben das Bekenntnis zu jenem Christus, an dem sich die Geister schieden. Genau diesem Christus waren zwar einige Juden gefolgt, aber die deutliche Mehrheit hat ihn als Messias nicht anerkannt. Lässt sich das mit dem aufkommenden Absolutheitsanspruch der Christen unter einen Hut bringen?

Einer der schwierigsten Ansätze der Theologie überhaupt bietet einen Ausweg. Paulus sagt, Gott selbst habe eben sein Volk verstockt, damit es die Bedeutung von Jesus nicht erkannte, um eben auch den anderen eine Chance zu geben. Wenn man so will, ist das der gleiche Ansatz wie beim Kreuz: Wenn Gott selbst die Menschen verstockt, ist das Handeln der Menschen nicht schuldhaft. So wie am Kreuz Jesus die Schuld der Menschen auf sich genommen hat, so lässt Gott sich quasi selbst die Schuld

dafür geben, dass sein Volk Jesus mehrheitlich nicht erkannt hat. Es steckt sein Plan im Verborgenen dahinter, wie am Kreuz. Gott selbst tut alles, damit die Kreuzigung stattfinden kann. Gott selbst braucht Menschen, die Jesus verurteilen, als seine verstockten Werkzeuge. Gott selbst fällt denjenigen harsch in die Parade, die alles noch verhindern wollen. Selbst Petrus weist er zurück, als er mit dem Schwert bei der Gefangennahme Jesu Kreuzigung verhindern will.
Wenn das aber so ist, dass alle nur die Werkzeuge des göttlichen Willens sind, dann gilt das auch für Israel. Wenn Gott schon vor dem Kreuz gewollt hätte, dass Jesus von Israel als Messias erkannt worden wäre, dann wäre es geschehen. Paulus sagt aber: Gott hat sein Volk verstockt. Es trägt nicht mehr die Verantwortung für sein eigenes Handeln, erst Recht nicht dafür dass es Christus nicht als Messias (an)erkennt. Verstockung meint: Hier handelte Gott.
Dies zu verstehen ist ein Hammer, aber Paulus geht den einzigen Ausweg aus dem Dilemma. Gott hat eine dunkle Seite. Ohne diese dunkle, uns normalerweise verborgene Seite können wir aber selbst das Kreuz nicht verstehen. Gott hätte alles verhindern können, aber er wollte es so.
Es muss übrigens dringend aus historischer Sicht angemerkt werden: Jesus ist gekreuzigt worden. Das aber war nicht die Todesstrafe der Juden. Die Juden steinigten, die Römer kreuzigten. Er ist von römischer Hand hingerichtet worden wie ein politischer Aufrührer. Dass die Juden ihn mehrheitlich als Messias abgelehnt hatten, heißt noch nicht, dass sie die Kreuzigung zu verantworten hätten. Die historische und juristische Verantwortung trugen die Römer. Die theologische Verantwortung dagegen trägt Gott selbst, weil er sein Volk verstockt hat. Das ist ein zunächst paradoxer Gedanke, aber auch die Lösung des Problems.
Soweit das Thema Verstockung. Das besondere Verhältnis Gottes zu Israel bleibt also bestehen, wenn Gott selbst die Erkenntnis verhinderte, wer Jesus wirklich war. Es steht übrigens oft genug in den Evangelien, dass Jesus denen, die ihn als Messias erkannt hatten, verboten hatte, zu erzählen, dass er der Sohn Gottes sei, bis sein Gang zum Kreuz vollendet war. Nach der schweren Verstockungstheorie braucht Paulus noch einen zweiten, einfacheren Weg: Da alle Menschen Sünder sind, Juden und Nichtjuden, soll sich bloß keiner auf das hohe Ross setzen und über den anderen erheben. Er sagt, dass alle, Juden und Nichtjuden, vor ihm nicht bestehen können. „Es liegt nicht an unserem Wollen und Tun, sondern allein an der Gnade Gottes“. Nur, weil Gott uns liebt, sind wir sowohl als Juden als auch Christen Kinder seiner so komplizierten Patchworkfamilie. Wir sind nicht Gottes Kinder, weil die einen besser wären als die anderen, oder wir

gemeinsam besser wären als alle anderen Menschen. Wem er gnädig ist, dem ist er gnädig. Dass ein Familienvater nicht aus Gerechtigkeitsgründen, aber aus Liebe, seinen Kindern beinahe alles verzeiht, kenne ich aus Erfahrung. Das ist nicht gerecht, das ist Liebe und Gnade. Ich kannte ein Elternpaar, das beinahe an der Sucht ihres Sohnes verzweifelt wäre. Er war drogenabhängig. Er war nicht mehr er selbst. Um an seinen Stoff zu kommen, bestahl und er belog er seine Eltern dauernd. Und wenn er wieder reumütig zurückkam und Hilfe brauchte, war und blieb er ihr Sohn. Das Bitterste, was ich gehört habe, war: Da kleiden die Eltern ihren Sohn neu ein. Sie bezahlen ihm eine Fahrkarte für eine Reise. Sie sind voller Hoffnung, denn er will endlich in eine Therapie, die sein Leben retten könnte. Doch er kommt nie an, weil er unterwegs das Ticket und die Kleider verhökert und sich Stoff davon kauft. So unverbesserlich und trotzdem nicht Herr seiner selbst ist der Mensch oft vor Gott. Und warum macht Gott das mit? Warum haben diese Eltern das ertragen und nicht gesagt, du bist nicht mehr mein Sohn? Die Antwort kann nur sein: Weil sie ihren Sohn geliebt haben. Nicht weil er es verdient hätte oder besser gewesen wäre als andere. Der zunächst so zynisch klingende Satz: Wem ich gnädig bin, dem bin ich gnädig, bekommt nun eine ganz andere, positive Note. Wem er einmal gnädig ist, dem ist er auch tausendmal gnädig. Er ist sich auch noch selbst treu, selbst wenn man er untreu wird. Im Text wird gefragt, ob Gott ungerecht ist. Und ich würde sagen: Grundsätzlich ist Gott gerecht, aber wenn seine Gerechtigkeit mit der Liebe in Konflikt gerät, gewinnt meistens die Liebe.

Das Argument, die Juden hätten Christus nicht erkannt oder gar getötet, lässt sich tausendmal gegen uns Christen drehen. Wenn Gott nach alldem, was die Christenheit über die Welt gebracht hat, nach der blutigen Germanenmission, ohne die wir hier nicht säßen, nach den Kreuzzügen, nach den Völkermorden an den Indianern und den Juden, sein Volk immer noch nicht aufgegeben haben sollte, so sage ich es ganz vorsichtig, dann wäre es Liebe und nicht Gerechtigkeit. Nicht weil wir ihm treu sind, sondern weil er sich selbst treu ist und seine Verheißungen hält, besteht noch Hoffnung für uns.

Doch eine letzte Frage bleibt trotzdem: Wenn die Israeliten, auch wenn sie meist nicht an Christus glaubten, seine Kinder geblieben sind, wie verträgt sich das mit dem neutestamentlichen Anspruch, dass Christus der einzige Weg zu Gott ist?

Am Ende dieser Passage des Römerbriefes steht doch: Ganz Israel wird gerettet werden. Warum? Weil der Messias, von dem wir hoffen, dass er wiederkommt, der Gleiche sein wird, auf den die Juden noch warten. [1)]

Das ist unser Glaube, schon jetzt und heute. Es ist aber jetzt und heute auch das Recht der Juden weiter daran zu glauben, dass sich die Verheißungen des Alten Bundes noch erfüllen werden, bis dass der Tag des Herrn kommt. Das Heilsdenken der Israeliten hat das gleiche Ziel bei den Propheten des Alten Testaments: Wenn der Messias kommt, werden auch die Völker an Gott glauben und den Gott Israels anbeten.
Der Unterschied ist nur, dass sich die älteren und die jüngeren Kinder der Patchworkfamilie die Familienzusammenführung in umgekehrter zeitlicher Reihenfolge denken: Israel glaubt, dass nach ihm auch die Völker den Gott Israels mitanbeten werden. Wir dagegen glauben, dass nach am Ende ganz Israel Jesus als Messias anbeten wird wie wir es jetzt schon tun. Das Geniale ist: Das eine muss das andere nicht ausschließen. Deshalb wird die zerstrittene Patchworkfamilie der Kinder Gottes hoffentlich am Ende der Zeit wieder vereint werden. Amen.

Anmerkungen:

1) 35 Jahre mussten vergehen seit den unglaublichen Verbrechen der Nazizeit, bis die Evangelische Kirche begann, sich von ihrer alten Substitutionstheologie (Substitution = Ersetzung) zu lösen, nach der die Kirche als Volk des Neuen Bundes das Volk des Alten Bundes verdrängt hätte.
Zuerst wurde der Ansatz, dass am Ende der Zeit der wiederkommende Messias der Christen dergleiche ist, auf den die Juden noch warten, von der Synode der Rheinischen Landeskirche im Jahre 1980 bekannt. Quelle etwa in: Klappert, B./ Strack, H.; Umkehr und Erneuerung. Erläuterungen zum Synodalbeschluss der Rheinischen Landessynode 1980 „Zur Erneuerung des Verhältnisses von Christen und Juden.“, Neukirchen-Vluyn 1980.

Noch unglaublicher war für mich zu Beginn meines Studiums, dass dem prompt von namhaften Alt- und Neutestamentlichen Theologieprofessoren aus Bonn und Münster widersprochen wurde, weil damit Jahrhunderte lang tradierte Schwarz-Weiß-Schablonen von alt und neu, Gesetz und Evangelium, gut und schlecht, ins Wanken gerieten.

Beispiele lieferten:

a)Hesse, F.; Einige Anmerkungen zum Wort der rheinischen Landes-Synode über das Verhältnis von Christen und Juden, In: Klappert-Starck, 283-286
und

b) Gräßer, E., Zwei Heilswege? Zum theologischen Verhältnis von Israel und Kirche
In: Müller, P.G./ Stenger, W. (Hrsg.), Kontinuität und Einheit. Festschrift für Franz Mußner, Freiburg/Basel/Wien 1981, S. 411-429.
Da Gräßer diesen Aufsatz ausgerechnet Franz Mußner in einer Festschrift gewidmet hat, sei ausdrücklich darauf hingewiesen, dass der katholische Bischof Franz Mußner solche Thesen nicht vertreten hat, sondern kurz vor der Tagung der Rheinischen Synode ein Traktat für die Juden als Buch herausgegeben hat. Mußner, F., Traktat über die Juden, München (Kösel) 1979.

„Der Himmel öffnete sich.“ - Eine zweideutige Auslegung mit eindeutigem Ergebnis Predigt über Markus 7,31-37 12. Sonntag nach Trinitatis 2008

Liebe Gemeinde,

Ich fahre mit einem Fahrrad einen Weg lang und möchte einen Fußgänger überholen. Das ist so ein Weg mit einem weißen Strich in der Mitte, links die Radfahrer, rechts die Fußgänger und umgekehrt. Mich nervt es, wenn da einer genau in der Mitte geht, obwohl ich mit dem schnelleren Fahrrad vorbei will. Ich weiß, dass er hinten keine Augen hat. Also klingle ich, um ihn zu warnen. Doch der Fußgänger geht nicht zur Seite. Ich rufe „Vorsicht!“ Er geht stur in der Mitte weiter. Jetzt bloß nicht bremsen, es geht etwas bergab und gleich kommt bestimmt der nächste Berg. Ich denke „Mann, können Sie denn nicht hören?“ Ich kann mich gerade noch zurückhalten, dass ich ihn nicht anbrülle „Sind sie taub?“ Das sagt man ja so. Das bekam ich als Kind auch zu hören, wenn ich nicht hören wollte. Und wer nicht hören wollte, der musste eben fühlen. Die Kunst beim Riesenslalom in Fußgängerzonen besteht darin, auf Skateboards oder Fahrrädern die Hindernisse so zu umfahren, dass man sie berührt, aber nicht ganz umfährt, sodass sie noch stehen bleiben. Ich bin vorbei, ohne ihn zu berühren, allerdings so knapp, dass er deutlich meinen Windzug gespürt hat. Der Mann erschreckt. Da erst kommt mir der Gedanke: Der Mann, den ich beinahe in meinem Übermut umgefahren hätte, war wirklich taub.
Gehörlose werden oft für begriffsstutzig gehalten, obwohl sie alles andere als dumm sind. Sie können nur nicht, oder erst später als andere, auf ihre Umwelt reagieren, weil sie vieles nicht mitbekommen. Aber ihre Behinderung sieht man nicht. Es ist übrigens tatsächlich so, dass bei Kleinkindern die Ursache für Entwicklungsrückstände beim Erlernen der Sprache oft nicht richtig gedeutet wird. Nicht alle kommen sofort darauf, dass das Kind die Sprache deswegen nicht erlernen kann, weil es schlecht oder gar nicht hört. Man hält es für zurückgeblieben.
Ob alt oder jung: Der Gehörlose wird nicht auf den ersten Blick mit seiner Behinderung wahrgenommen. Das ist anders als bei den meisten Blinden, die durch Armbinde, Brille oder weißen Stock in der Regel so ausgestattet sind, das man ihre Behinderung erkennt. Der Gehörlose ist, wenn überhaupt, nur durch das Ablesen unserer Lippenbewegung in der Lage, unsere Sprache zu verstehen. Viele Schwerhörige oder Gehörlose sind komplett isoliert. Sie wagen irgendwann nicht mehr, dreimal nachzufragen,

wenn sie mich nicht verstanden haben. Und ihre Sprache klingt unsicher, weil sie ihre eigenen Laute nicht hören. Auch diesen Effekt kennen wir. Setzen sie einmal einen Kopfhörer mit lauter Musik oder noch schlimmer mit anderen Stimmen auf! Wir sagen: Wir verstehen unser eigenes Wort nicht mehr. Wir sprechen viel zu laut oder lallen unsicher. Schwerhörigkeit ist eine Behinderung, die sehr einsam macht, weil der Hauptweg zur Kommunikation nicht zur Verfügung steht. Selbst das Telefon war bei einem Bekannten in unserem Schachverein durch das Faxgerät ersetzt. Und umgekehrt beherrschen wir Hörenden mit Ausnahme ganz weniger Übersetzer die Gebärdensprache der Gehörlosen nicht. Wer in seinem Fernsehen den Phönix empfängt, der kann zumindest bei den Nachrichten sehen, wie das ist, wenn etwas in Gebärdensprache übersetzt wird.
Nun habe ich aber, liebe Gemeinde schon mit Fernsehen, Gebärdensprache und Faxgerät aus der modernen Welt mit ihren Hilfsmitteln geplaudert. Um wie viel größer mögen die Folgen der Behinderung zurzeit Jesu gewesen sein, als es diese Hilfen noch nicht gab. Im Krankenhaus merke ich, wie wenige Mittel mir zur Verfügung stehen, wenn der Patient nicht so sprechen kann, dass ich es verstehe. Mal liegt es daran, dass der Patient keine Luft hat, um zu sprechen. Mal liegt eine Lähmung vor, mal ist die Aussprache undeutlich, weil die Zähne im Gebiss fehlen. Da hilft es, wenn jemand da ist, der den anderen gut kennt und versteht. Manchmal hilft der Angehörige zu übersetzen. Anders komme ich mir als Zuhörer hilflos vor, frage nach, verstehe wieder nichts, und es tut mir leid, dass sich der andere so anstrengen muss bis ich am Ende vielleicht seine Gedanken erraten kann. Irgendwie hat sich dann die Behinderung meines Gegenübers auf mich übertragen. Ich kann nicht verstehen, weil der andere nicht sprechen kann. Und ich ahne, wie schwer es ist, ständig nichts zu verstehen und nachfragen zu müssen. Da helfen Übersetzer oder es bleiben noch Gesten. In unserer Geschichte ist beides vorhanden. Es sind andere da, die das Anliegen vortragen, Jesus möge ihn segnen und die Hände auflegen. Sie bringen den Taubstummen zu Jesus, damit er ihm die Hände auflegt. Und Jesus selbst geht über die Zeichensprache an beide gestörten Kanäle heran. Er legt dem Kranken die Finger in die Ohren. Und er bestreicht die Zunge mit seinem Speichel. Vielleicht aber sind das schon die ersten Schritte. Man kann sagen, Jesus erkennt die Behinderung und wählt eine andere Sprache. Er nutzt die noch vorhandenen gesunden Mittel des Fühlens und Berührens. Er nimmt ihn zunächst an, wie er ist, in seinen begrenzten Möglichkeiten, bevor er heilt, und ihn damit verändert. Dann aber kommt das, was meine entscheidende Beobachtung am Text ist. Jesus wendet sich mit seinem Blick zum Himmel und schreit „Öffne dich“!

Man kann meinen, er ruft das dem Taubstummen zu. Fast alle Ausleger tun das. Und dann gibt es wunderschöne, ellenlange Deutungen.
Ja, wir sind taub, wenn wir nicht hören wollen, was uns nicht passt. Oder dieser Mann sei so oft verletzt worden, dass er sich verschlossen habe.[1)] Und außerdem wissen wir doch, wie das ist, wenn sich Menschen dem Wort Gottes verschließen. Das ist alles sehr einfühlsam und auch phantasievoll, steht aber nicht im Text. Das einzige Indiz, dass er eventuell „Öffne dich!“ zum Kranken spricht, ist, dass scheinbar kein anderer da ist, denn er hat ihn ja von der Menge erst einmal weggebracht. Und als er wieder hören kann, steht da „öffnen“. Seine Ohren öffneten sich. Aber irgendwie bleiben ein paar Ungereimtheiten. Welchen Sinn macht es, einem Tauben etwas zuzurufen, der Jesus nicht hören kann? Warum schaut er ihn nicht einmal an, sondern er schaut zum Himmel? Warum steht das „Öffne dich!“ im Singular? Die Ohren aber sind mindestens zwei. So viele Ausleger auch immer meinen, Jesus befehle dem Behinderten sich zu öffnen - ich halte das nicht für die einzige Möglichkeit. Was wäre, wenn Jesus den Himmel angerufen hätte, „Öffne dich!“? [2)].
Denn der Himmel ist im selben Vers und steht im Singular[3)] und Jesus blickt dort hinauf, als er spricht. Ich bin davon überzeugt, dass erst weil sich der Himmel auftut, sich die Ohren und der Mund des Tauben öffnen. Welche Klimmzüge unternehmen die Ausleger und vielleicht auch wir, um das ganze psychologisch zu erklären, weil nicht sein kann, was nicht sein darf. Da wird gesagt, der Kranke habe sich verschlossen und müsse sich nun wieder öffnen, weil ganzheitliches Wahrnehmen und Psychosomatik „in“ sind, Wunderglaube aber nicht.
Viel einfacher ist es, auch für uns, wenn wir uns nicht verschließen und wir unsere Ohren nicht zuzumachen für das Wunder. Lesen wir doch, was da steht. Jesus fleht und ruft den Himmel an, er möge sich öffnen. Und das passt auch gut in den Glauben der Zeit Jesu. Das Paradies war ja bekanntlich verschlossen, weil die Menschen nicht gehört haben, und konnte nur von Gott selbst geöffnet werden. In der Endzeit, wenn der Messias kommt, dann sollen alle Krankheiten geheilt werden und die Tauben wieder hören. Ja, für diesen einen Menschen zumindest war es soweit, dass der Himmel sich geöffnet hat, weil der Messias da war. Und weil sich der Himmel geöffnet hat für ihn, kann er wieder hören.
Wie sehr aber unser Verständnis dieser Geschichte von unserem neuzeitlichen Hören abhängt, zeigt sich daran, dass wir Dinge lesen und hören, die da nicht stehen, etwa dass sich der Behinderte selbst verschlossen hat und wieder öffnen muss. An anderer Stelle widerspricht Jesus vehement einem solchen Verständnis bei einer Blindenheilung. Nicht

dieser oder seine Eltern sind Schuld an seiner Behinderung, sondern Gott will ein Wunder an ihm vollbringen durch Jesus (Vgl. Joh. 9). Es mag zynisch klingen, ist aber ausgleichende Gerechtigkeit. Behinderte, ausgegrenzte und benachteiligte Menschen dürfen als Ausgleich für Ihr Los als Erste die Gegenwart des Messias am eigenen Leibe erfahren!
Mir scheint, man müsste uns den Spiegel vorhalten: Nicht der Taubstumme hat sich verschlossen! Wir haben uns mit unserem modernen naturwissenschaftlichen Denken verschlossen, sodass wir Wunder im Text nicht heraushören, sondern psychosomatisch zu erklären versuchen. Wer deswegen nichts mehr sieht, kann sich auch nicht wundern. Und wer sich nicht wundert, freut sich auch nicht mit der Gemeinde der Be-wunderer Jesu: „Er hat alles schön gemacht; die Tauben macht er hörend und die Sprachlosen redend.“ (Mk. 8, 38; vgl. Jes. 35,5!)
Es sind unsere Ohren, denen Jesus sagen könnte: „Tut euch auf“! Dann würde er für den Gehörlosen den ihm verbliebenen Zugang der Berührung wählen und für den Himmel und die hörenden Unbeteiligten das „Hephata.“ All das ist denkbar!
Dann aber projizieren wir unsere eigene Taubheit und Blindheit in Glaubensdingen in den Kranken, indem wir psychologisieren und unsere Taubheit in ihn hinein projizieren. Um es wirklich psychologisch zu sagen: Wenn ich einem anderen eine Verschlossenheit andichte, die ich selbst habe, nennt man das Gegenprojektion. Aber hören Sie umso deutlicher, wie unbefangen damals Jesu Ohren- und Augenzeugen reagiert haben. Denen scheint klar gewesen zu sein, dass hier nicht irgendwer da war, sondern dass etwas Besonderes an Jesus war. Sie scheinen mindestens geahnt zu haben, dass sich hier nicht nur die Ohren, sondern der Himmel geöffnet hat. Denn wie reagieren sie? Es steht nicht ihr Staunen über den Geheilten im Mittelpunkt, sondern ihr Staunen um Jesus. Sie sagen nicht „Schön, dass du wieder hören und sprechen kannst.“ Sie sagen: „Er hat alles wohl gemacht. Er macht die Tauben hören. Er macht die Sprachlosen redend.“ Er - Jesus, der Messias, der aus dem Himmel Gekommene, hat alles schön (kalos) gemacht. Nicht weil sich der Taubstumme geöffnet hat, haben sich dessen Ohren aufgetan. Es geht um ihn, um Jesus, und um die Vorzeichen der Propheten, dass das Reich Gottes gekommen ist. Blinde sehen, Lahme gehen, Taube hören! (Mt. 11,5)
Nicht weil unser Ohren Gott hören und unsere Augen den Himmel sehen, ist er da oder nicht da. Diese Borniertheit, dass wir unsere begrenzte Erkenntnis für das Maß aller Dinge halten, haben viele: Weil sie Gott nicht hören und sehen können, kann es ihn für sie nicht geben!

Das ist die Logik dreijähriger Kinder. Wenn ein Dreijähriger verstecken spielt, dann hält er sich die Augen zu, damit andere ihn nicht sehen. Aber nicht unsere Sinnesorgane und das, was wir glauben oder nicht glauben ist das Maß aller Dinge, sondern dass Gott handelt und dass sich der Himmel öffnet. Nicht weil unsere Augen sehen und unsere Ohren hören, gibt es den Himmel. Sondern weil der Himmel sich öffnet, können die Ohren- und Augenzeugen Gott, den Himmel wahrnehmen!

Nicht weil wir an ihn glauben, gibt es Gott, sondern wir werden gleich im Glaubensbekenntnis bekennen, dass es umgekehrt ist. Weil Gott Himmel und Erde geschaffen hat, sind wir da. Es geht nicht um Hypnose, um Selbstheilungskräfte des Menschen oder um Magie. Es geht um das Handeln Gottes aus dem Himmel. Es geht um ein Wunder. Es geht nicht um das, was wir verstehen können. Jesus ist Mensch und Gott, Mittler zwischen Himmel und Erde, Und so kommuniziert er mit beiden - mit dem Himmel und dem Menschen, aber mit jedem auf die ihm angemessene Art. Mit dem Taubstummen nimmt er durch Berührungen Kontakt auf. Mit dem Himmel aber nimmt er Blickkontakt auf und betet, ja was denn sonst. Er spricht ein Stoßgebet wenn er seufzt „Hephata!" - „Öffne dich".

Doch wenn Jesus betet, spricht er zugleich ein Machtwort, weil er Macht hat. Hier spricht der Sohn des Wortgewaltigen, der einst sprach: „Es werde Licht!" Und es ward Licht. Hier spricht der Sohn dessen, der einst im Zorn den Himmel verschlossen hat, um ihn vor dem Menschen zu schützen. Und deshalb war es ihm schon beim Sturm auf dem See möglich, mit einem Wort den Himmel zu beruhigen, damit Ruhe im Karton war, und die Wogen sich glätteten. Und nun spricht der, der aus dem Himmel kommt, der Himmel möge sich öffnen, damit für diesen einen Menschen an diesem einen Tag wahr wird, was auf uns alle wartet. Wenn das Reich Gottes da ist, wird es keine Krankheit und keinen Tod mehr geben.

Ich kann übrigen durchaus mit psychologischen Deutungen etwas anfangen, was es heißt, wenn ein Mensch verschlossen ist. Es gibt Menschen, die nicht hören können, obwohl ihre Ohren gesund sind. Aber auch deren Taubheit kann ich nicht heilen, sondern nur Gott. Wenn einer meine Kritik nicht hören will, weil er meint, es sei alles in Ordnung mit ihm, dann erreiche ich ihn auch dann nicht, wenn ich mehr sehe als er. Wenn ich einem das Wort Gottes erzählen will, der es nur als Menschenwort hören kann, dann erreiche ich ihn nicht so, wie ich es will. Ich kann einen Menschen nicht zwingen zu glauben, wie ich keine zwingen kann, mich zu lieben. Aber der andere kann auch auf einen Befehl wie „Öffne dich!" sich selbst nicht zwingen. Ich kann nicht sagen „Du musst glauben!" „Du musst lieben". Ich kann nur selbst an Gott glauben, dass er

diesen Menschen öffnet. Es ist oft, bildlich gesprochen, zwar ein Umweg, aber der leichtere Weg, Gott im Gebet zu bitten „Öffne dich!" als einem Tauben dies zuzurufen, und sei es, dass er taub ist, weil er meinen Ruf im Herzen nicht hören kann, obwohl die Ohren funktionieren.
Noch deutlicher: Geht nicht das „Hephata!" - „Öffne dich" immer über Gott und nie direkt von Mensch zu Mensch, wenn es um Fragen des Glaubens und der Liebe geht? Was ist denn die Alternative? Dann bin ich schnell bei Lenin: „Willst du nicht mein Bruder sein, dann schlage ich dir den Schädel ein!" Nein, ich kann es nicht zwingen, nur Gott kann die Ohren und Herzen der Menschen öffnen. Wir sind zwar nicht der Messias, wir haben nicht seine Macht, aber wir können genau das von Jesus lernen. Sie halten es für einen Umweg über Gott zu gehen? Ja, was für ein Quatsch, wenn man erst über den Himmel kommunizieren muss, statt direkt miteinander zu reden! A propos - Benutzen sie ein Handy als Kommunikationsmittel?!
Zurück zum Öffnen von Menschen, die sich nicht öffnen können. Zurück zu denen, denen ich Gewalt antun würde, wenn ich in ihre Tauben Ohren rufe „Öffne dich" und die nur von Gott aus dem Himmel geöffnet werden können. Und jetzt wird es auf einmal doch psychologisch, aber immer so, dass nicht der Kranke den Schlüssel in der Hand hat, damit die Tür sich auftut, sondern dass Gott den Himmel öffnen muss.
Es ist gerade ein Zeichen einer schweren Depression: Wir können einen Menschen ansprechen, um ihnen das Gute aufzuzeigen, aber er hört uns nur physikalisch. Er hört aus unseren Worten die Hoffnung nicht. Und diese Wand kann ich nicht von außen durchbrechen und kein Arzt oder Psychologe. Ich habe das Gefühl am Tiefpunkt der Depression ist der andere im Herzen taub und verschlossen. Weder meine Worte helfen ihm noch kann er sich selbst wie Münchhausen am eigenen Schopf aus dem Sumpf ziehen. Genau das ist übrigens zufällig Thema in der Kirchenzeitung „Unsere Kirche" - die Depression. Was hilft dann? Vielleicht eine Berührung, ein Streicheln, wie bei Jesus. Nicht damit der sich öffnet, aber damit er spürt: Selbst wenn ich kurz davor bin, mit der Welt abzuschließen, da ist noch einer, der noch nicht mit mir abgeschlossen hat, deswegen die Berührung. Ist eine Geste der Segnung, wie sie von Jesus verlangt wurde, damit er ihm die Hand auflege, nicht eine Zusage der Nähe Gottes, nur auf einem anderen Kanal als über das Ohr? Es gibt auch Christen, die erreichen wir über das Abendmahl und die Zeichen seiner Nähe mehr als über das Wort. Eine anderer ist vielleicht von der Kirchenmusik mehr zu erreichen als vom Prediger.

Erinnern Sie sich an Jesus: Kanal 1, die Berührung, die Finger im Ohr. Und Kanal 2, das Gebet zu Gott „Tue dich auf!“. Es hilft nur das Gebet, um durch den Panzer der Depression stoßen können. Dann kann es nur Gott. In diesem Fall kann nur Gott die Wand durchbrechen, durch die kein Menschenwort mehr durchdringt. Und solange sich nicht der Himmel öffnet, haben wir die Verstimmung so wenig im Griff wie das Wetter. „The storm is over now and now I can see the sunshine“, heißt es in einem Gospel.[4)] “Der Sturm ist vorüber, und nun kann ich den Sonnenschein sehen.” So beschreibt dieses Lied, wie es ist, wenn eine depressive Attacke vorüber ist. Die entscheidende Brücke, kann aber nur über Gott im Gebet gebaut werden, wenn sich symbolisch gesprochen der Himmel auftut. Nicht nur das Hören und Sehen, auch das Lieben und Erkennen sind also Gnadengeschenke Gottes. Und auch diese kann ich nicht erzwingen mit einem Befehl „Tue dich auf!“. Sondern der Himmel muss sich öffnen, damit sich der Mensch öffnen kann. Für den Taubstummen hat sich der Himmel geöffnet und zwar so, dass danach das Wunder nicht mehr verschwiegen werden konnte, obwohl Jesus gar keinen Rummel mehr wollte. Ich halte es übrigens für gar nicht so unwahrscheinlich, dass auch unter uns heute noch Wunder geschehen, sich kurz der Himmel öffnet, um sich endgültig zu öffnen, wenn sein Reich überall gekommen ist. Wer Ohren hat, der halte sie auf. Und wer keine hat oder einen Menschen kennt, der Gottes Wort einfach nicht hören kann, der bete zum Himmel wie Jesus, für sich und für andere: Hephata - tue dich auf! Und genau deshalb, weil sich nicht nur am Ende des Lebens oder zu Weihnachten der Himmel auftun muss, sondern weil sich der Himmel immer wieder öffnen muss, wo Menschen am Ende sind, singen wir jetzt mitten im August ein Adventslied. „O Heiland reiß die Himmel auf!“ Amen.

Anmerkungen:

1) Vgl. Grün, Anselm: Jesus - Wege zum Leben, Stuttgart 2005, 222 f.

2) Die Idee für diese Auslegung (=Exegese) bekam ich bei der Lektüre von L. Friedrichs In: Gottesdienst Praxis A, Reihe 1/4, Gütersloh 2003, 14-21.

3) Dazu kommt, dass in deutschen Übersetzungen in den Versen 34 und 35 beide Male „öffnen“ steht, aber im Griechischen zwei verwandte, aber nicht gleiche Wortstämme.

Klaus Berger wiederum geht zwar davon aus, Jesus rede den Kranken an, bemerkt aber, das Aramäische (hephata) sei die Sprache des Himmels und der Engel. (Ders.; Evangelium unseres Herrn Jesus Christus, Meditationen zu den Sonntagsevangelien Lesejahr B, Freiburg/Basel/Wien, 2008, S. 229).

Bei der neuerlichen Lektüre meiner alten Predigt für dieses Buch fiel mir ferner auf, dass Jesus Aramäisch sprach, und in jener Sprache das Wort für „Himmel" nur im Plural erscheint. Dennoch gibt es unter den vielen Himmeln (z.B. auch dem der Tiere) den einen Himmel Gottes.

Auch fand ich bei Strack, O.H./ Billerbeck, P., Kommentar zum Neuen Testament aus Talmud und Midrasch, Bd. 2 Das Markusevangelium, München (Beck) 1989, zur Textstelle die Erklärung, dass „Hephata" ein Ruf bei diversen Heilungswundern ist, und sich erst im Konkreten zeigt, welches Körperteil sich öffnet.

Meine damalige Auslegung steht aus meiner jetzigen Sicht zwar auf etwas dünnem Eis, aber homiletisch (Homiletik= Predigtlehre) ist sie immer noch vertretbar, denn: Nicht der Kranke ist das handelnde Subjekt der Wunderheilung, sondern Jesus. Vergleiche dazu auch den Chorschluss der Zuschauer in Vers 37! Der Focus des Gleichnisses liegt nicht psychologisierend auf der Selbstheilung des Kranken, sondern auf der Messianität Jesu!

4) "The storm is over now" von R. Kelly.

„Tanzkurs für Traumtänzer - Das höchste Gebot"
Predigt über Markus 12,28-34
am 18. Sonntag nach Trinitatis 2009

Liebe Gemeinde,

welches ist das höchste Gebot? Wenn wir im Konfirmandenunterricht die Zehn Gebote besprechen, dann erinnert das etwas an die Leichtathletik-WM. In manchen Lehrbüchern ist dazu ein Treppchen oder sogar eine Pyramide mit zehn Kästchen aufgebaut und dann kann man die Gebote nach Wichtigkeit ordnen. Der erste Platz ist nur einmal zu vergeben. Die Antwort, die dann von den Jugendlichen meistens kommt, hat eine gewisse Logik: „Du sollst nicht töten" sei das wichtigste Gebot. Denn wer tot ist, kann die anderen Gebote auch nicht mehr befolgen. Es ist schon etwas schwerer zu erklären, warum das zu kurz gedacht ist. Vor und über dem Leben steht Gott. Ohne Gott würden wir erst gar nicht leben. Also wähle ich das erste Gebot als wirklich erstes Gebot: „Ich bin der Herr, dein Gott. Du sollst keine anderen Götter haben neben mir."
Anders: Nicht weil wir leben, gibt es Gott, der die Gebote gibt, sondern die Reihenfolge ist genau umgekehrt: Weil es Gott gibt leben wir und haben die Gebote. Das erste muss das höchste Gebot sein. Mehr noch: Ohne die Liebe gäbe es kein Leben. Das ist schon bei den Menschen so, dass wir in der Regel aus Liebe gezeugt werden. Nun hat Gott die Welt ins Leben gerufen und liebt sie. Vor Gott war nämlich nur tote Materie. „Und die Erde war wüst uns leer" steht im allerersten Vers der Bibel. Wenn also nicht der Schutz des Lebens der Anfang ist, sondern die Liebe, kann man die auch gebieten? Steht die in den Geboten? Jesus spricht zweimal von der Liebe, als er nach dem höchsten Gebot gefragt wird, von der Liebe zu Gott und von der Nächstenliebe: „Du sollst Gott, deinen Herren, lieben von ganzem Herzen, aus ganzer Seele und mit all deiner Kraft" lautet das eine Gebot. „Du sollst deinen Nächsten lieben wie dich selbst" lautet das andere.
Nun steht das aber gar nicht in den Zehn Geboten. Gibt Jesus hier ein elftes und ein zwölftes Gebot? Richtig ist, dass Jesus keines der zehn Gebote als Höchstes hervorhebt. Aber er erfindet kein neues elftes oder zwölftes Gebot. Lange hat man schwarz-weiß gemalt und in deutschen Schulen gelehrt, das Alten Testament sei nur Zwang, Verbot, „Du sollst", „Du sollst nicht" und Strenge. Wie groß die Liebe zum Gesetz, zur Tora in Wirklichkeit sein kann, zeigt sich, wenn in der Synagoge das Fest „Simchat Tora" gefeiert wird. "Simchat Tora" heißt: „Die Freude an der Tora". Wie

zum Beweis ihrer Liebe zu den Geboten tanzen Männer an diesem Tag mit der Schriftrolle durch die Synagoge und die Rolle wird sogar wie eine Geliebte geküsst. Tanzen und Küssen, das ist alles andere als ein freudloser Umgang mit dem Gesetz. Hier geht es zu wie bei einem Hochzeitstanz. Ebenso falsch wie das Vorurteil, das Judentum sei eine freudlose Gesetzesreligion, ist die Annahme, die Nächstenliebe sei so etwas wie eine Erfindung Jesu und stünde nur im Neuen Testament. Jesus erfindet nämlich kein neues 11. und 12. Gebot, sondern er zitiert aus den Geboten in den 5 Büchern des Mose. Das ist ja auch normal, wenn sich ein jüdischer Schriftgelehrter mit einem Rabbi unterhält wie in unserem Text. Sowohl die Liebe zu Gott von ganzem Herzen (5. Mose 6,4+5) als auch die Nächstenliebe (3. Mose 19,18) sind also typisch alttestamentlich und damit jüdischen Ursprungs. Jesus und der Schriftgelehrte sind sich einig: Die ungeteilte Liebe zu Gott und die daraus erwachsende Liebe zu den Menschen, sind die beiden höchsten Gebote. Die Erfüllung der Gebote, ganz automatisch und ohne Absicht, ist eine Nebenfolge der Liebe zu Gott und den Menschen. Daher ist die Beachtung der beiden Gebote der Liebe und den Menschen. Daher ist die Beachtung der beiden Gebote der Liebe auch deren Erfüllung. Warum aber ist das Gebot der Liebe ein Doppelgebot der Liebe zu den Menschen und zu Gott? Man hat früher den Mose immer so dargestellt hat, dass er zwei Tafeln mit den Geboten vom Berg Sinai mitgebracht hat. Es war wohl nicht so, dass auf jeder der Tafel fünf Gebote standen. Die eine Tafel beinhaltete wohl die Gebote, die die Liebe zu Gott betrafen, die andere Tafel die Gebote der Nächstenliebe. Je nachdem, wie man sie zählt, waren es drei oder vier Gebote auf der ersten und sechs oder sieben auf der zweiten Tafel. In der Liebe zu Gott waren die ersten Gebote zusammengefasst: Wer Gott liebt, braucht keinen anderen Gott und missachtet seinen Namen auch nicht. Er oder sie geht sogar gerne und freiwillig in den Gottesdienst.

Auf der zweiten Tafel werden die Gebote gestanden haben, die das Verhältnis zum Mitmenschen regeln: Wir dürfen nicht töten, nicht ehebrechen, nicht stehlen, nicht lügen. Und diese Gebote werden nach Luther zusammengefasst mit „Du sollst deinen Nächsten lieben, wie dich selbst.“ Wenn ich den Nächsten liebe, dann töte ich ihn automatisch nicht, ich gehe nicht fremd oder führe ihn nicht hinter das Licht. Denn Gott hat den anderen, gleich aus welchem Volk, geschaffen wie mich. Und so hat ein bedeutender Jude des 20. Jahrhunderts auch übersetzt, „Liebe deinen Nächsten, denn er ist ein Mensch wie du (dir gleich)“.[1)]

Vielleicht ist das ja auch so: Wenn der Mensch bei seiner Erschaffung noch Ebenbild Gottes ist, dann nicht, weil der Mensch aussieht wie Gott, sondern weil er ihm auf Augenhöhe ins Angesicht schauen kann und sich der Mensch vor Gott verantworten kann. Spätestens beim Sündenfall ist diese Gabe des Menschen verlorengegangen. Der Mensch weiß, dass er in der Gegenwart Gottes nicht bestehen kann. Die Bibel sagt: Der Mensch muss sterben, wenn er Gott sieht. Aber im Spiegel des Anderen erkennt der Mensch sich selbst. Er ist, wie er selbst. Deswegen regen wir uns beim anderen ganz besonders gerne über unsere eigenen Schwächen auf. Nur merken wir es nicht. Unser Wellensittich zuhause war „auch nur ein Mensch". Wir hatten ihm, weil er allein war, einen Spiegel an den Käfig gehängt. Niemals konnte er so zärtlich schnäbeln, aber auch so schimpfen wie ein Rohrspatz, als wenn er sich selbst begegnete, ohne es zu merken. Es kann unangenehm sein, den anderen als Spiegel zu haben, „denn er ist wie du". Im Spiegel sieht man nicht nur Pickel und Falten, als äußere Macken. Im Spiegel erkenne ich auch meine inneren Macken. Aber dennoch soll man, wenn man Gott schon nicht mehr in die Augen schauen kann, wenigstens sich selbst im Spiegel und dem Nächsten in die Augen schauen können. Und deshalb ist diese jüdische Übersetzung einfach genial: „Liebe deinen Nächsten, denn er ist wie du (dir gleich)." [1)]

Gott steht nicht auf einer Stufe mit uns, er ist höher. Aber der andere ist ein Geschöpf Gottes wie ich. Wenn Gott unser gemeinsamer Vater ist, dann sind wir Geschwister. Freilich erklärt das dann aber auch, warum es nicht immer harmonisch zugeht und warum Gott unser Zusammenleben überhaupt durch Gebote regeln muss. Das ist bei Geschwistern auch nicht anders. Einerseits soll man sich gegenseitig respektieren, andererseits aber stehen wir gegeneinander. Wie dem auch sei: „Wie dich selbst" oder „er ist wie du" heißt: 1) Er ist ein Geschöpf Gottes wie du. 2) Er hat Macken wie du. 3) Versuche dich in ihn oder sie hineinzuversetzen, und 4) Gilt das alte Sprichwort: „Was du nicht willst, was man dir tu, das füge auch keinem andern zu". Aber eben mehr noch: Das letzte war negativ ausgedrückt, so dass man einfach bestimmte Dinge sein lassen soll, um dem anderen nicht weh zu tun. Positiv aber sagt Jesus: Wir sollen Gott und den Nächsten lieben. Und wer liebt, der fügt dem anderen von selbst keinen Schaden zu, weil er ihm Gutes will. Mit den Geboten ist es wie im Tanzkurs und in der Fahrschule. Es gibt Regeln, wann ich an der Ampel warte. Es gibt Regeln, welchen Fuß ich zuerst nach vorne bewege, um meiner Partnerin nicht auf die Füße zu treten. Der Anfänger sieht diese Regel als etwas Fremdes an und zählt angestrengt beim Tanzen den Rhythmus mit, um der Partnerin nicht auf den Fuß zu treten. Eins-zwei-drei-vier. Fünf-sechs-sieben-acht. Das macht keinen Spaß, denn solche Tänze sind eher von mathematischer als von erotischer Qualität. Nach zwei Stunde Formationstanz kann man schon mal einen angestrengten Brummschädel haben wie nach vier Stunden Blitzschach. Aber wem der Rhythmus und die Schritte in Fleisch und Blut übergegangen sind, der denkt beim Tanzen nicht mehr nach. Beachte ich also die Zehn Gebote nur angestrengt wie ein Tanzschüler, dann kommt keine Freude auf. Aber der Blick für den Partner und die Freude am Tanz wächst, wenn alles in Fleisch und Blut übergegangen ist. Der Traumtänzer tanzt mit traumwandlerischer Sicherheit. Vermutlich steckt diese Erfahrung auch hinter der englischen Formulierung „to learn by heart", was auf preußisch „auswendig lernen" heißt. Das Auswendiglernen von Liedtexten oder Gesetzen ist langweilig. Dagegen lebt es, wenn man mit dem Herzen dabei ist. Man kann Lieder ohne Zwang so oft singen, bis man die Texte von selbst kann. So können einem die Gebote auch durch Gewohnheit im besten Sinne des Wortes ans Herz wachsen. Wenn Gott uns als Vater zusammenruft, sind wir seine Kinder. Aber in einer Familie gibt es immer Gesetze, auch wenn die nicht aufgeschrieben sind. Wer darf morgens zuerst ins Bad? Wer kauft ein, wer macht Frühstück? Wer wäscht ab? Wer ist dran, den Müll runterzubringen, wer bestimmt das Fernsehprogramm? Wie werden Geburtstage gefeiert? Für all das gibt es ungeschriebene Gesetze. Wenn aber eine Beziehung funktioniert, dann ist das kein Zwang, sondern man macht das fast automatisch. Genau so ist es auch im Idealzustand, wenn man Gott von ganzem Herzen liebt. Man muss nicht ständig an die Regeln im Umgang mit ihm erinnert werden oder sich zwingen: Man tut, was man tut, erstens weil es in Fleisch und Blut übergegangen ist und zweitens gerne. Zweimal im Monat sollen die Konfirmanden im Durchschnitt im Gottesdienst sein. Wir kontrollieren das mit Kärtchen, wenn es nicht freiwillig geht. An andere Dinge, etwa das zwei- bis dreimal wöchentliche Training im Sportverein, braucht man nicht zu erinnern. Die Liebe zum Ball macht es leicht, die Regel zu erfüllen.

Für Erwachsene hat der alte Luther die Regel aufgestellt „Der Woche zweyn". Nun mag es zwar Schlafzimmer geben, in denen es Sinn machen würde, eine Anwesenheitsliste auszufüllen. Aber ich kenne kaum Ehepaare, die das nachzählen, so wie wir den Gottesdienstbesuch der Konfirmanden nachhalten. Aus Liebe erfüllt man Gebote halt mit dem Herzen und mühelos. Pflichten hingegen empfindet man als Last. Und so malen es die Propheten des Alten Testaments (Jer. 31,31ff.) auch als Verheißung für den Neuen Bund aus. Die Gesetze werden nicht mehr auf Tafeln geschrieben sein. Der neue Bund soll in die Herzen geschrieben werden. Dass es nicht allein um die freudlose Erfüllung von Pflichten geht, sondern um Liebe zu Gott und zu den Menschen, das scheint Jesus und dem Schriftgelehrten klar

zu sein. Ausdrücklich sagt der Schriftgelehrte, die Liebe zu Gott und zu den Menschen sei als Erfüllung des Gesetzes viel besser als jedes Opfer. Und Jesus setzt noch eins drauf. Der Schriftgelehrte, der das erkannt hat, der ist dem Reich Gottes nahe.
Ich versuche den Sack zuzubinden: Ich habe am Anfang gesagt, der Mensch kann vielleicht noch in den Spiegel schauen oder dem anderen mit Mühe in die Augen gucken. Sie wissen ja, wie das mit einem tiefen, prüfenden Blick so ist. Aber vor Gott zu bestehen, das war unmöglich. Wer Gott zu nahe kam, der musste sterben, denn zu groß war die Kluft zwischen beiden und die Kluft der Menschen. Dass sich freilich so ein tiefer Blick von einem prüfenden Blick verwandeln kann bis hin zu einem intensiven Blick bei einem Kuss, das haben bei den Menschen die meisten schon erfahren. In einer der Seligpreisungen steht nun aber Ungeheuerliches: „Selig, die reinen Herzens sind, denn sie werden Gott schauen." Und Jesus sagt: Der Schriftgelehrte, der kapiert hat, dass die Liebe zu Gott und den Menschen das Höchste aller Gebote ist und mehr als jedes Opfer, der ist dem Reich Gottes schon sehr nah.
Mit anderen Worten, wer ein reines Herz hat, weil ihm die Gebote nicht von außen vor Augen stehen wie etwas Fremdes, sondern ihn von innen, vom Herzen, her erleuchten, ist rein genug, um vor Gott treten und ihn schauen zu können. Nur die Liebe verwandelt uns wieder zu Gottes Ebenbildern. Freilich aber kommt die nicht von innen heraus, sondern sie muss uns geschenkt werden, damit sie in unseren Herzen regiert. Die Liebe ist damit die Erfüllung der Gebote und noch einmal: Judentum und Christentum sind alles andere als eine lieblose Erfüllung irgendwelcher aufgezwungenen Vorschriften. Und das Opfer des Lebens, das Jesus für uns gebracht hat, ist allemal mehr wert als alle Opfer, die wir noch hätten bringen können. Wie nah wir Gott schon wieder treten können, haben wir gehört. Und symbolisch nahen wir ihm, wenn er uns einlädt und das Abendmahl mit uns feiert. Reden wir nicht länger, tun wir es! Amen.

Anmerkung:

1) Ich beziehe mich auf einen Vortrag von Pinchas Lapide 1992 zum „Jahr der Bibel" in Gevelsberg St. Engelbert. Die schriftliche Quelle fehlt mir, denn sie ist nicht zu finden
In: Lapide, P., Ist die Bibel richtig übersetzt? Band 1 und 2 Gütersloh 2008²
Sicher zitieren kann ich hingegen Buber, M./ Rosenzweig, F. nach: Ben-Chorin, S.; Bruder Jesus. Der Nazarener in jüdischer Sicht, München (dtv), 1981⁴· 83. „Halte lieb deinen Genossen, Dir gleich. Ich bin der Herr."

„Allein durch Christus, aber nicht allein für die Christen!"
Predigt über Matthäus 25,31-46
Vorletzter Sonntag des Kirchenjahres 2009

Liebe Gemeinde,

der Predigttext, den wir gerade hörten, hat etwas Umwerfendes an sich: Zum einen sagten einige, mit denen ich in dieser Woche über den Text gesprochen haben: „Der haut mich um! Der macht Angst, ob ich denn alles richtig mache." Zum anderen Umwerfenden komme ich später, denn der Text wirft fast alle mir bekannten Vorstellungen zum Gericht um.[1)] Zunächst zu denen, die sagen, „das macht mir aber auch Angst! Ich kann nicht immer zur Stelle sein und allen Notleidenden helfen". Ihnen sei zum Trost gesagt: Auch Jesus hat nicht alle Kranken geheilt oder den Hunger in der Welt ganz abgeschafft. Auch Jesus musste sich gelegentlich zum Gebet zurückziehen oder in die Wüste gehen, um wieder Kräfte zu sammeln. Aber in dieser Beruhigung steckt auch die Gefahr, dass wir im anderen Extrem plötzlich nichts mehr zu tun. Ich glaube, dass sich das Gleichnis mehr gegen eine andere Zielgruppe richtet als an die, die immer meinen, sie täten nie genug. Es ist doch oft so: Die ohnehin Gewissenhaften schlägt immer noch das Gewissen. Die anderen aber, die es nötiger hätten, machen sich keine Gedanken, oder sie sind selbstgerecht und selbstzufrieden. So war es schon nach 1945. Es waren diejenigen, die zum Teil selbst im Widerstand gesessen hatten, die als Erste ein Schuldbekenntnis ablegten, dass sie nicht genug getan hätten, nicht mutiger bekannt und eifriger gebetet hätten.[2)] Andere aber, die es nötiger gehabt hätten, schwiegen zu der Schuld der Deutschen im Dritten Reich. Genauso bin ich sicher, dass der junge Martin Luther als Mönch, der verzweifelt auf den Knien gerutscht ist, um einen gnädigen Gott zu bekommen, objektiv mehr getan hat als die meisten anderen, die dieser Zweifel nicht geplagt hat.
Das Gleichnis hat ja zwei Hälften, erst die Positive: Die Gerechten tun das Richtige, ohne es zu wissen. Dann kommt die Negative. Die Selbstgerechten merken erst gar nicht, dass sie zu wenig getan haben. Diese Warnung wohl spricht der Text aus. Und interessant ist, dass wir für uns, die zweite Hälfte mit der Warnung deutlicher hören als die erste mit der Verheißung. Der Text ist wohl eher an die gerichtet, die sagen, ich habe doch nichts Böses getan und gegen kein Gebot verstoßen, also bin ich ein guter Mensch. Denn jedem, der selbstzufrieden sagt, er habe doch nichts Böses getan, schmettert der Text entgegen: Aber du hast auch nichts Gutes getan. Es ist ein Text, der wachrütteln soll. Jesus will nicht die Moral des

braven Bürgers. Nichts Böses getan zu haben langt nicht, wenn man eben auch nichts Gutes getan hat. Und gegen kein Gebot zu verstoßen zu haben heißt noch lange nicht, dass wir alles Gebotene getan haben.

Ich sagte, der Text ist umwerfend. Er wirft nämlich so gut wie jede gängige Vorstellung vom Gericht und von den Maßstäben Gottes um. Wir haben gerade die erste Moralvorstellung gehört, die er umgeworfen hat. Es langt nicht, brav zu sein und gegen kein Gebot zu verstoßen. Schon über die braven Pharisäer hatte Jesus nämlich gesagt: Wenn eure Gerechtigkeit nicht besser ist als die der Pharisäer, werdet ihr nicht in das Himmelreich kommen (5,20). Gemeint ist: Es reicht nicht, gegen die Gebote nicht zu verstoßen. Eure Gerechtigkeit muss aktiv über das Verbotene und das Nichtstun hinausgehen, denn es geht um das Reich Gottes. Die Zehn Gebote sind zusammengefasst im Doppelgebot der Liebe. Die Liebe und nicht Angst vor Strafe ist Motivation, sie zu tun. Wer Gott und die Menschen über alles liebt, erfüllt sowieso die Zehn Gebote.

Die Pharisäer werden oft fälschlicherweise mit dem Judentum gleichgesetzt, obwohl sie nur eine Gruppe innerhalb des Judentums waren. Im jüdischen Glauben aber bedeutet „Gerechtigkeit“, „zedaka“, aber immer „Gemeinschaftstreue“. Es kann also keiner für sich allein gerecht sein, nicht durch Gebete im stillen Kämmerlein, nicht durch Begegnungen mit dem lieben Gott in der Natur, nicht durch ein frommes, inneres Gefühl, sondern gerecht wird man nur in der Gemeinschaft. Und jede Gemeinschaft ist wiederum so gut wie ihr Umgang mit ihren schwächsten Gliedern. Und Jesus setzt noch eins drauf: Jeder Einzelne ist nur so gut, wie er mit den schwächsten Gliedern der Gemeinschaft umgeht. Nun, die eine Vorstellung, die der umwerfende Text umwirft haben wir gehört. Es reicht nicht, nichts Böses zu tun. Aber auch eine andere, gerade in frommen Kreisen verbreitete Vorstellung wird umgeworfen. Eine mit dem Kopf und den Lippen getroffene, bewusste Entscheidung für Jesus ist nicht das Kriterium im Gericht, sondern die praktische Nächstenliebe, selbst dann, wenn ich gar nicht merke, dass mir im anderen Jesus begegnet ist.

Es geht nicht um eine intellektuelle, bewusste Entscheidung für Jesus, sondern die Pointe des Gleichnisses ist gerade, dass sich die Guten und die Bösen gar nicht dessen bewusst sind, dass sie sich unbewusst für oder gegen Jesus entschieden haben. Und wichtig ist: Jesus bliebt der Handelnde im Gericht, der sich seine Leute aussucht. Es ist nicht so, dass die Menschen sich bewusst für Jesus entscheiden hätten und das reichte hin. Das Bekenntnis bei einer Erwachsenentaufe oder das Bekenntnis zum Glauben bei der Konfirmation wäre die eine Sache. In der praktischen Nächstenliebe aber den Schwächsten neben mir nicht zu übersehen ist die

andere. Und in der Tat entscheidet Jesus in diesem Gleichnis nicht nach dem Lippenbekenntnis, sondern, selbst wenn wir das in der Nachfolge Luthers gar nicht so gerne hören, nach praktischen Taten. Fehlende Barmherzigkeit könnte auch unterlassene Hilfeleistung sein. Die alte, aus dem Judentum kommende Linie der Propheten setzt sich hier durch: Ihr könnt noch so schön opfern, noch so schöne Gottesdienste feiern, wenn ihr die Witwen und Waisen bedrückt und überseht, nützt das alles nichts. So hätte es Amos oder Jesaja gesagt.
Ihr könnt noch so ein tolles Bekehrungserlebnis vorweisen, noch sooft in die Kirche gehen, noch so ein schönes Konfirmationsbekenntnis abgelegt haben - „Entscheidend ist auf dem Platz", sagt der Fußballer. Und „entscheidend auf dem Platz" ist die Praxis der Nächstenliebe und nicht die Theorie der hohen Theologie oder noch so frommer Sprüche.
Ich gehe jetzt noch weiter: Wer meint, da stünde doch etwas ganz anderes bei Paulus, weil Luther doch die reine Gnade gelehrt habe, und dass der Mensch nicht nach Werken gerecht werde, der muss mir eins erklären. Sie kennen das Wort „Nun aber bleiben Glaube, Hoffnung, Liebe, diese drei, aber die Liebe ist die Größte unter ihnen". Ich habe das tausendmal gehört, und tausendmal nicht tief gehört. „Tausendmal berührt, tausendmal ist nichts passiert".[3) Doch] beim 1001. Male, nämlich bei der Vorbereitung dieser Predigt, habe ich den Spruch neu verstanden: Was sind Glaube, Hoffnung und Liebe? Der Glaube richtet sich doch zuerst an Gott, an Jesus und an den Heiligen Geist. Die Hoffnung ist die, dass es nach dem Tode nicht aus ist, dass es ein ewiges Leben gibt und eine ausgleichende Gerechtigkeit. Und die Liebe ist in erster Linie die Nächstenliebe. Und die steht noch ein Stückchen höher als der Glaube. Das sagt Paulus im gleichen Kapitel (1. Kor. 13) auch. Und wenn ich mit Menschen- und Engelszungen reden könnte und hätte die Liebe nicht, dann wäre es nichts. Was nützen die beste Lehre mit dem Mund und der schönste Gesang und Gottesdienst, wenn sie nicht durch die Lebenspraxis gedeckt werden? Selbst wenn Luther erkannt hat, dass man aus eigener Kraft nicht mit guten Werken in den Himmel kommen kann, hat er wohl kaum die Nächstenliebe verboten. Selbst Luthers Kronzeuge Paulus steht auf der Seite unseres Gleichnisses, wenn er sagt, die Liebe ist noch größer als der Glaube und die Hoffnung auf ein ewiges Leben. Wobei die Liebe wiederum eine Frucht des Glaubens ist.
Der beste Zeuge dafür ist übrigens Luthers Namenspate. Es ist ja so, dass Luther Martin hieß, weil er an Sankt Martin getauft worden ist. Und eben jener Martin hat nicht nur den Mantel geteilt, und damit in der Tat, wie unser Text es fordert, einen Nackten gekleidet. Jener Martin von Tours hat

in der Nacht darauf geträumt, dass der Bettler am Wegrand Christus selbst war. „Was ihr also getan habt, einem der Geringsten meiner Brüder, das habt ihr mir getan.“
Das geht sogar soweit, dass man in diesem Text eines der ganz wenigen Tore der Bibel erkennen kann, die sogar den Nichtchristen aufstehen, auf ihrem Weg zum Himmel. Es werden ja nicht nur die Juden und Christen gerichtet. Vor dem Richter stehen ja alle Völker und einige von denen wissen nicht einmal, dass sie Jesus etwas Gutes getan haben. Es ist nicht sicher, ob sie ihn gar nicht gekannt haben oder eben nur nicht erkannt haben. Dagegen sitzt der Schock bei dem Frommen, die gar nicht gemerkt haben, dass sie Jesus haben hungern und dürsten lassen. Wenn ich sage, der Text ist umwerfend, weil er unsere überkommenen Vorstellungen umwirft, dann gibt es noch ein anderes Wort dafür:
Umwerfend ist revolutionär! Es ist revolutionär, dass die, die Jesus zumindest nicht erkannt haben, wenn nicht gar nicht gekannt oder bekannt haben, gerechtfertigt in den Himmel kommen, während einige, die sich sehr sicher zu sein schienen wohl etwas übersehen haben müssen. Vorsichtig formuliert: Muss ich dann nicht damit rechnen, dass einige bewusst bekennende Christen draußen bleiben, andere, die ihn gar nicht oder nur schwach kennen aber auf Grund ihres Umgangs mit den Nächsten Jesus gut genug sind?
Im Matthäusevangelium gibt es jenes Gleichnis, indem ein Vater seine beiden Söhne um einen Gefallen bittet (21,28-32). Der erste sagt, wie wir es kennen. „Jaaaa, Papa!“ und tut doch nichts. Der andere sagt: „Nein, ich will nicht“, und tut am Ende doch noch, was der Vater will. Warum erzählt Jesus solche Gleichnisse? Wohl weil er die kennt, die mit dem Mund Ja sagen und die, die mit ihren Taten Ja sagen. Und das sind nicht immer die Gleichen.
Und dem Vater in jenem Gleichnis ist natürlich der lieber, der erst ehrlich Nein sagt und dann doch aus Liebe zum Vater ihm doch den Gefallen tut. Das ist bei Jesus Menschenkenntnis und bei Matthäus das Wissen aus Erfahrung, dass manche beim Wort zu nehmen sind, manche aber auch leider nicht. Jedenfalls entscheidet das Tatbekenntnis und nicht das Lippenbekenntnis. Und wenn ich gerade gesagt habe, ich rechne sogar damit, dass hier einige in den Himmel kommen, die Jesus gar nicht oder kaum kannten, dann kenne ich auch sofort den Einwand: Hat denn Jesus nicht gesagt, „niemand kommt zum Vater, denn durch mich“, „wer an mich glaubt, der wird leben“, und so weiter. Recht so! Daran reißt Matthäus keinen Faden ab. Der Weg geht auch hier nur über Jesus Christus. Nur sieht das so aus, dass der sich für Christus entscheidet, der sich für seinen Bruder

entscheidet. Im Bruder verborgen steckt Christus und der Weg führt immer noch über ihn. Es gibt einen theoretischen und einen praktischen Atheismus. Ich muss das erklären: Denn vielleicht weiß nicht jeder, was ein Atheist ist. Ein Atheist ist einer, der bewusst sagt, dass er nicht an Gott glaubt. Der theoretische Atheist sagt, dass es keinen Gott gibt. Der praktische Atheist hingegen lebt so, als ob es keinen Gott gibt.
Und Jesus steht, wohl auf Grund der Erfahrung, dass Christen nicht immer Vorbilder sind und auch vom Glauben abfallen können hier auf der Seite der Praktiker, nicht auf der Seite der Theoretiker.
An den Taten könnt ihr sie erkennen. Wer einen Hungrigen speist oder einen Nackten kleidet, der wird vom Vater so belohnt, als habe er Jesus selbst zu essen gegeben oder ihn eingekleidet, womit wir wieder bei der Legende von Sankt Martin wären. Martin hat, ohne zu wissen, dass hinter dem frierenden Bettler Christus stand, das Richtige getan.
Und umgekehrt? Es ist sogar vor weltlichen Gerichten strafbar und unterlassene Hilfeleistung, wenn wir einen Menschen frieren oder hungern lassen. Damit komme ich zum wirklich zentralen Satz und zum springenden Punkt: Es gibt für Matthäus nur ein Kriterium im Gericht: Was ihr getan habt einem meiner geringsten Brüder, das habt ihr mir getan, spricht Jesus.
Das Unerhörte an diesem Text, was Angst auslöst, ist, dass er konkrete Konsequenzen fordert. Er ist nicht schwammig, denn es ist sehr konkret einen Hungrigen zu speisen, einem Durstigen zu trinken zu geben, einen Frierenden einzukleiden. Von Mark Twain stammt ja der spitze Satz, dass nicht die Bibeltexte, die wir nicht verstehen, die Schwierigen sind, sondern die, die wir verstehen - weil sie Konsequenzen fordern. Wohl deshalb löste der Text bei einigen Angst oder ein schlechtes Gewissen aus, weil hier das Wort „Liebe“ oder „Nächstenliebe“ kein ausgeleierter und dehnbarer Gummibegriff ist, sondern erschreckend konkret ist. „Was ihr getan habt einem der Geringsten unter meinen Brüdern, das habt ihr mir getan“, sagt Jesus. Das Kriterium ist also immer unser Umgang mit dem Schwächsten in einem System. Dort müssen wir hinschauen, nach unten, wo wir helfen können, und nicht nach oben, wo wir Karriere machen können. Karriere machen wir noch genug im Himmel, wenn Jesus uns dorthin erhöht.
Wer immer zuerst darauf achtet, was ist mit dem ganz unten, steht weniger in der Gefahr, das Leid zu übersehen oder zu übersehen, was Gott von uns fordert. Es kann ja sein, dass diejenigen, die sich wundern, dass Jesus sie nicht angenommen hat, schlichtweg ohne Absicht den Schwächsten übersehen haben, während die anderen genau so ohne Absicht hingeschaut haben und im Verborgenen Jesus geholfen haben. Also: Nach unten

schauen! Wo ist der Geringste? Wer braucht mich? Unser Umgang mit dem schwächsten Glied in der Kette, mit dem oder der Schwächsten in meiner Gruppe ist das Kriterium des Gerichtes.
Wer ist der Schwächste in einer Schulklasse, wenn nicht der Klassenkasper, auf dem alle herumprügeln? Was sagen wir, wenn Jesus uns fragt? Wir haben ihm nicht geholfen als er gemobbt wurde, oder doch?! Wie ist das mit dem schwächsten Familienglied? Bei Kindesmisshandlung denkt man, das sind ganz eklatante Ausnahmen.
Aber was ist, wenn Eltern schwach werden? Sage ich dann: Ich brauchte meine Zeit für die Kirche und für andere Leute und zum Predigthören oder schreiben? Wer ist der Geringste in der Nachbarschaft? Hören wir hin, wenn wir Misshandlungen oder auch nur Verwahrlosungen von alten Menschen oder Kindern mitbekommen? Oder schauen wir weg, wie diejenigen, denen Jesus am Ende sagt: „Ich kenne euch nicht."?
Wer ist der Schwächste im Betrieb? Rührt es mich, wenn da einer entlassen wird, oder bin ich nur froh, dass ich es nicht bin und dass es einen anderen trifft? Auch unter Arbeitnehmern erschöpft sich die Solidarität nicht im Fordern und Demonstrieren. Vorbildlich finde ich es, wenn andere sich beschränken, damit alle ihre Arbeit behalten können - zumindest solange es nicht anders geht. Die Realität ist oft: Die einen behalten alles oder bekommen noch mehr. Die anderen verlieren alles. „Was ihr den Geringsten unter meinen Geschwistern getan habe, das habt ihr mir getan."
Wer ist der Schwächste im Staat? Hier steht nicht, dass sich die Leistung der Starken wieder lohnen soll, sondern dass jede Kette nur so stark ist, wie ihr schwächstes Glied. Da höre ich. „Was ihr den Geringsten unter meinen Geschwistern getan habt, dass habt ihr mir getan." Und oft sind es die Kinder in den Familien der Armen, die es am Härtesten trifft.
Wer ist der Schwächste in der Welt? Ich gebe zu, „die Welt" ist das größte aller möglichen Bezugssysteme - die ganze Menschheit. Aber unser Text hat auch im Blick, dass die ganze Menschheit von Gott gerichtet wird. Jeden Tag verhungern in der Welt Menschen. Noch gestern habe ich gelesen, es sind in jeder Minute 12 Kinder. Alle 5 Sekunden verhungert ein Kind. Ich fasse zusammen, weil es sonst ausufert: Sie haben recht, wenn sie sagen, dass es ein Gericht geben wird und nicht alle in den Himmel kommen. Aber das Kriterium dort ist nicht ein bürgerliches, braves Leben. Das Kriterium ist auch nicht, ob ich mich bewusst für Jesus entscheide. Das Kriterium ist auch nicht, ob ich alles unterlassen habe, was gegen die 10 Gebote verstößt. Das Kriterium ist nicht, was ich nicht getan habe. Das Kriterium ist, was ich getan habe. Das Kriterium ist das Gebot der Nächstenliebe. Wortbekenntnisse sind höchstens Silber, Tatbekenntnisse

sind Gold. Wer den Nächsten, sprich den Schwächsten geliebt hat, der hat auch Jesus geliebt und der erfüllt automatisch das Gebot der Liebe zu Gott mit. Amen.

1) Diesen wegweisenden Ansatz, einerseits Luthers „solus Christus“, „Niemand kommt zum Vater denn durch mich“ (Joh. 14,6) ernst zu nehmen, andererseits aber auch für Nicht-Christen einen Weg zum Heil zu sehen, vertritt Klaus Berger. Möglicherweise öffnet ihm als Katholiken das Zweite Vatikanische Konzil („Lumen gentium“) einen weiteren Horizont als vielen evangelikalen Fundamentalisten ein eng ausgelegter Absolutheitsanspruch Jesu. Nachzulesen in Langform bei Berger, K.; Ist Christsein der einzige Weg? GTB 1453, Gütersloh 2000.
In Kurzform bei: Berger, K.; Jesus, München, 2007; 517ff.

2) Das Stuttgarter Schuldbekenntnis formulierten unmittelbar nach dem Krieg Christen der Bekennenden Kirche, die im Widerstand waren, unter anderem Martin Niemöller, der auch zeitweise im KZ saß.

3) „Tausendmal berührt“ war ein Liedtitel von Klaus Lage.

„Das ewige Leben als Vier - Klassen - Gesellschaft" -
Die ausgleichende Gerechtigkeit Gottes bei der Auferstehung
Predigt über Daniel 12,1-3
Gedächtnis der Entschlafenen 2011

Liebe Gemeinde,

dieser Text hat Seltenheitswert und ist deswegen ein Juwel. Er gilt einigen als der einzige Text des Alten Testaments, der sich überhaupt mit einem Leben nach dem Tode auseinandersetzt. Ganz am Horizont, an den jüngsten Stellen des Alten Testaments, leuchtet aber einige Male diese Hoffnung am Horizont auf. Ansonsten gilt im Alten Testament das nüchterne Wort des Predigers Salomo: „Ein lebendiger Hund ist besser als ein toter Löwe" oder wie in den Psalmen, dass die Toten Gott nicht loben können. Wenn man weiß, dass im Umfeld des Alten Israels andere die Geister der Toten beschwörten, versteht man diese scharfe Grenze, die vorher in Israel gegolten hat: Tot ist tot.
Hier bei Daniel aber ist von der Auferstehung und einem Gericht die Rede. Nicht alle, aber viele werden auferstehen, und die einen zum ewigen Leben, die anderen zum Gericht und zur ewigen Schmach.
Nun mag das trocken klingen, nach theologischer Wissenschaft. Es lässt uns aber fragen, wo stehen wir eigentlich. Ist für uns tot unwiderruflich tot oder glauben wir wirklich an die Auferstehung? Ist etwa der neutestamentliche Auferstehungsglaube verloren gegangen, und wir glauben wieder wie im Alten Testament? Tot ist tot. Es ist nicht selten, dass mir in Trauergesprächen eher ein dem Alten Testament ähnlicher als ein neutestamentlicher Glaube begegnet. „Ja, wissen Sie, wir glauben ja alle an Gott, aber an das ewige Leben, die Auferstehung nicht." Dabei sind die Begegnungen der Jüngerinnen und Jünger mit dem Auferstandenen die Geburtsstunden des christlichen Glaubens. Die Jünger verehrten zwar den leiblichen Jesus vorher schon, aber von einem Glauben an Christus kann man erst wirklich reden, nachdem die Jünger dem Auferstandenen begegnet sind.
Daniel steht genau an der Grenze zwischen Altem und Neuem Testament. Das Buch Daniel ist die jüngste und damit dem Neuen Testament zeitlich nächste Schrift des Alten Testaments. Der Durchbruch zum Auferstehungsglauben geschieht übrigens aus dem Leid heraus. So beginnt auch unser Text: Vor der Heilszeit liegt eine große Trübsal, die noch nie da gewesen ist, steht im ersten Vers. Umsonst gibt es nur den Tod, nicht das ewige Leben. Das ist im Neuen Testament etwas anders. Will sagen: Um

169 vor Christus hatten die Syrer die Herrschaft in Israel und sie plünderten, möglicherweise um Kriegsschulden zu bezahlen, den Tempelschatz in Jerusalem. Das rief den Zorn der Frommen hervor. Doch damit nicht genug. Das Ganze kulminierte, als der Herrscher Antiochus der IV. später noch ein Standbild des Zeus im Tempel aufrichten ließ. Das war der Moment, als für die frommen Juden das Fass endgültig übergelaufen war. Es bildete sich eine bewaffnete Befreiungsbewegung der Frommen. Es begann ein Guerillakrieg mit vielen Opfern, nachzulesen in den Makkabäerbüchern. Die Kämpfe waren langwierig, grausam und blutig. In den Makkabäerbüchern wird beschrieben, wie eine Mutter sieben Söhne durch grausamste Hinrichtung verlor. Doch am Ende standen die Freiheit Israels und die Wiederaufrichtung des Tempels.

Der Sieg wird noch heute im jüdischen Volk gefeiert. Kurz vor Weihnachten, ab dem 21. Dezember, feiern die Juden das Lichterfest Chanukkah mit einem neunarmigen Leuchter und süßem Gebäck. Licht und Süßes sind Zeichen der Freude. Nun war ja doch noch alles in Ordnung, Ende gut, alles gut, mag man denken. Aber es war eben nicht nur Opfer durchzustehen? Wäre nicht der feige Weg der Anpassung besser gewesen? „Ein lebendiger Hund ist besser als ein toter Löwe“, sagt der Prediger Salomo. Das gilt auch für alle, die, wie ich, nicht zum Helden oder Märtyrer geboren sind, und auf „Hauptsache, ich lebe!“ setzen. Die Fragen gingen weiter: Wie kann Gott dieses Leid und diese Ungerechtigkeit zulassen? Die Toten haben doch nichts mehr vom Sieg am Ende, oder doch? Die Feigen, die sich zurückhalten, können den Sieg und die Freiheit genießen und die Helden sind tot. Die, die mitgemacht haben, können sich verstecken, doch die Helden sind tot.

Die gefallenen Gerechten waren der Grund, nach der Gerechtigkeit Gottes zu fragen. Warum lässt Gott „seine Leute“ und die Frommen so leiden? Dass alle Menschen sterben mussten, auch die Gerechten, akzeptieren die Juden des Alten Testaments. Das war nicht das Problem. Der Psalmist schreibt sogar, dass alle nackt in die Grube fahren, arm und reich, und sieht darin eine große Gerechtigkeit. Aber ungerecht war, dass die Guten leiden müssen, und dass ihr Leben verkürzt worden ist. Alt und lebenssatt zu sterben und dann einen möglichst sanften Tod zu haben war das höchste Ideal des alttestamentlichen Menschen. Das hätte ihnen zugestanden. Mir scheinen bis heute die Überschriften unserer Todesanzeigen zu zeigen, dass wir auch hier alttestamentlich denken und nicht von der Auferstehung her: „Er hatte ein erfülltes und langes Leben“, „Er ist von seinem Leiden erlöst“, „Er hatte einen schönen Tod“. Kaum noch Botschaften der

Auferstehung, es sei denn der Verstorbene lebt so lange in der Erinnerung anderer weiter, bis auch diese versterben.
Nicht der Tod war das Problem, aber die Ungerechtigkeit des frühen und schmerzvollen Todes. Wir wollen ein erfülltes Leben führen, möglichst ohne Sorgen, und dann eigentlich gar nicht, aber wenn schon, dann gesund und steinalt sterben. Etwas Weisheit steckte in dem Humor eines alten Gemeindegliedes: Seine Frau klagte über ihre Leiden; „Meine Augen, mein Herz." Und er sagt nur trocken: „Erna (Name geändert), irgendetwas müssen wir doch haben, sonst haben wir gar keine Lust zu sterben." Wohl wahr, sonst sprechen wir von „plötzlich und unerwartet" und vom tragischen Tod und hatten keine Zeit uns darauf einzustellen. Dann trifft uns auch der Schock, nur eben anders.
Den einen Tod finden wir lang und qualvoll wie ein Martyrium. Am anderen leiden wir, weil es dem Verstorbenen noch so gut ging. Der Durchgang zum Paradies, zum ewigen Leben, geht also nur durch den Tod und das Leid: Und deshalb beginnt der Glaube an die Auferstehung im Alten Testament mit der Erfahrung von Leid und Tod in unvorstellbarem Ausmaß. Die Märtyrer des Befreiungskriegs waren zutiefst überzeugt, den Willen Gottes zu erfüllen. Sie wollten doch nur die Würde des Tempels und damit die Würde Gottes wiederherstellen. Und dafür mussten sie sterben? Erfüllt mochte ihr Leben noch sein, denn es hatte eine Mitte und einen Sinn. Aber der Tod war schmerzvoll und das Leben viel zu kurz! Und das war ungerecht. Und so schließt der Auferstehungsglaube den gerechten Ausgleich mit ein.
Das Buch Henoch stammt aus der Zeit zwischen Altem und Neuem Testament und ist dicht bei den Vorstellungen Daniels[1)]: Dort gibt es verschiedene Klassen von Toten, die auf ihre Auferstehung warten. Es gibt Ungerechte, die noch kein Gericht zu Lebzeiten erfahren haben, und auf die ihre Verurteilung wartet. Auch das ist ausgleichende Gerechtigkeit. Ich sage jetzt einen problematischen Satz, den ich aber aus der innersten Tiefe meines Herzens nachempfinden kann.
Der evangelische Pfarrer und spätere Professor Ernst Käsemann hat in den siebziger Jahren eine Tochter verloren, weil diese sich als junge Sozialarbeiterin für die Gerechtigkeit der armen Menschen in Argentinien eingesetzt hatte. Sie wurde von der Militärdiktatur zu Tode gefoltert. Auf die Vorstellung hin angesprochen, ob er sich eine Allversöhnung vorstellen könne, bei der alle Menschen in den Himmel kommen, soll er, sehr freundlich von mir umschreiben, gesagt haben, dass er die Peiniger seiner Tochter im Himmel nicht sehen wolle.[2)] Können sie sich einen Frieden mit den Mördern der Juden oder den aktuellen Rechtsterroristen im Himmel

vorstellen? Es gibt also einen Raum, da werden die Sünder aufbewahrt, die auf ihre Strafe warten. Es gibt bei Daniel eine Auferstehung zum Gericht. Und dass Daniel damit die ausgleichende Gerechtigkeit Gott überlässt, ist ein gewaltiger Schritt zu mehr Humanität. Der Glaube, dass Gott das letzte Urteil spricht, und sei es nicht in diesem Leben, ermöglicht es, von primitiver Rache als ausgleichender Gerechtigkeit Abstand zu nehmen. Der Glaube an die Auferstehung nicht nur zum Guten, sondern auch zum Gericht, lässt uns mit mehr Ernst Leben, weil wir eben nicht wie im Karneval „Alle, alle in den Himmel kommen", weil wir so brav sind. Was uns etwas Angst machen kann, ist aber auch ein entscheidender Schritt vom Vergeltungsprinzip bis hin zur Blutrache Abstand zu nehmen. Anders ist es bei Henoch mit jenen Ungerechten, die schon zu Lebzeiten ihre Strafe erhalten haben. Diese erstehen nicht auf, weder zum Guten noch zum ewigen Gericht. Sie haben ihre Strafe erlitten und können in Ruhe weiter liegen. Und schließlich geht es zuerst um die, die zu Unrecht gelitten haben. Diesen wird im Himmel ein Ausgleich versprochen. Sie sollen strahlen und ewig leuchten wie die Sterne. Die ausgleichende Gerechtigkeit Gottes war also zunächst das Hauptmotiv für die Auferstehungshoffnung. Und diese gab es schon am Ende der alttestamentlichen Zeit, etwa 160 Jahre vor Christi Geburt. Der Glaube an ein ewiges Leben, der für den christlichen Glauben so grundlegend ist, ist leider bei vielen verloren gegangen. Er macht aber schon im Leben gelassener. Ich muss nicht unter dem Stress leben, jede Sekunde auszukosten bevor ich Tod bin. Ich habe genug Zeit, weil Gott auch zu kurz Gekommenen einen gerechten Ausgleich schafft. Auch ein Kind, das mit wenigen Tagen gestorben ist, hat vor Gott gelebt und hat sein Recht. Ich denke sogar ein Kind, das schon im Mutterleib gestorben ist, hat einen Ausgleich im ewigen Leben. Der Glaube an ein ewiges Leben lässt mich wieder an die Gerechtigkeit Gottes glauben. Er befreit mich auch vom Zwang, mich rächen zu müssen, weil Gott sein Urteil sprechen wird. Der Glaube an das ewige Leben und die Vergebung hängen also indirekt zusammen.

Es findet ferner eine Umwertung statt. Höchstes Ziel der Menschen, die nur dieses Leben haben, ist es, aus diesem Leben möglichst viel Freude heraus zu holen und möglichst wenig Leid zu erfahren. Genau das kann aber auch zum Zwang und Stress werden in dem Wahn immer noch nicht genug gelebt zu haben. An die Stelle von möglichst viel Spaß in kurzer Zeit tritt für den, der glaubt, das Leben mit Qualität und Sinn zu füllen.

Wer an die Auferstehung glaubt, der hat Zeit. Selbst ein kurzes Leben wird dann ausgeglichen durch das ewige Leben. Eigentlich muss man sogar sagen: Für den, der glaubt und aufersteht, gibt es kein kurzes Leben,

sondern nur einen frühen Tod. Der Tod kommt früher oder später, aber er kommt. Das Leben kann aber nicht kurz sein, wenn es ewig ist.
Ein letztes: Zumindest nach Daniel und auch nach Henoch stehen die einen zum ewigen Leben auf, die anderen zum Gericht und zur Verdammnis. Wer zu Unrecht leiden musste, bekommt von Gott einen Ausgleich. Und im Neuen Testament, was steht da (Matthäus 5,1-12)?
„Selig sind die Trauernden, denn sie werden lachen"; „Selig sind die Hungernden, denn sie werden satt werden"; „Selig sind die, die um meines Namens Willen verfolgt werden, denn sie werden das Himmelreich ererben." Jesus verspricht auf Erden kein sorgenfreies Leben, im Gegenteil. Aber in jeder der Seligpreisungen der Bergpredigt, sagt er einen Ausgleich im Himmelreich zu. Vielleicht weil es uns überwiegend im Diesseits so gut geht, fällt vielen der Glaube an das ewige Leben so schwer. Die schwarzen Sklaven auf den Plantagen Nordamerikas hingegen besangen in ihren Gospelliedern gerade zu sehnsüchtig das Kommen des Reiches Gottes. Vielleicht geht es uns wirklich zu gut, als dass wir uns nach dem ewigen Leben sehnten. Geblieben aber ist der Abschiedsschmerz und die Angst vor dem Tode. Umso mehr dürfen wir uns in der Trauer an Jesus wenden. Nicht allen, aber vielen, und vor allen denen, die glauben, ist das ewige Leben zugesagt. Wir lassen unsere Verstorbenen in Trauer los, aber gerade deshalb nicht ohne Hoffnung. Denn selig sind die Trauernden, sie werden getröstet werden.
Ein Letztes: Nach Daniel erstehen nicht alle auf. Die Gruppe von Menschen, die ein ungerechtes Leben geführt haben, aber schon auf Erden bestraft worden sind, dürfen weiter ruhen. Diejenigen, die ihre Strafe noch nicht erhalten haben, bekommen dafür ewige Verdammnis, und die Guten werden ewiges Leben erhalten und strahlen wie die Sonne.
Ob wir die Vorstellungen teilen? Gibt es zwischen Gut und Böse nicht eine Mitte? Predigen wir nicht so, als würde jeder in den Himmel kommen? Leben wir nicht so, als würde gar niemand in den Himmel kommen? Ist es unserem evangelischen Glauben nicht eher fremd, dass die Menschen nach Taten unterschiedlich gerichtet werden? War es nicht Luthers Erkenntnis, dass man sich einen gnädigen Gott nicht mit Werken verdienen könne? Fragen über Fragen. Daniel steht ganz am Anfang eines Prozesses, indem sich Auferstehungshoffnungen im jüdischen und später christlichen Umfeld entwickeln sollten. Gesehen hat das, was kommt, ohnehin niemand. Manche haben vielleicht eine Ahnung, denn immerhin 4 Millionen von 80 Millionen Deutschen sollen schon einmal eine sogenannte Nahtoderfahrung gemacht haben. Sie waren schon klinisch tot und sind wieder zurückgeholt

worden. Die meisten berichten eher von schönen Erlebnissen, vom hellen Licht, von nichts, was uns ängstigen sollte.
Aber selbst wenn unsere guten Werke nicht ausreichen, um in den Himmel zu kommen, wenn uns das ewige Leben durch die Gnade Gottes geschenkt werden muss, können wir mit Daniel sagen: Es ist nicht egal, wie wir gelebt haben, und wie wir leben. Wir sind Hoffnungsträger in einer ansonsten hoffnungslosen Welt, die ihre Angst vor dem Tod verdrängt. Wir haben an Christus erkannt, was Gott will, und was Hoffnung im Leide ist, und wie wir Menschen leben sollen. Wer aber noch nicht glaubt, kann das nicht an Christus erkennen, sondern nur an uns. Wenn wir die Liebe und die Hoffnung in unserem Reden und Handeln verschweigen, dann sind diese vor den Menschen tot. Wir haben als Gläubige eine Verantwortung vor Gott. Deshalb hat die Mission oft mit erkennbaren guten Werken angefangen, danach kam die Verkündigung. Ohne die Makkabäer, die zu Daniels Zeiten sogar unter Einsatz ihres Lebens den jüdischen Glauben gerettet haben, gäbe es den jüdischen Glauben vielleicht nicht mehr, und demzufolge den christlichen Glauben auch nicht. Und das hat Gott belohnt, auch und gerade, wenn in schweren Zeiten die Gläubigen ungerecht leiden müssen. Es geht nicht darum, dass wir uns selbst vor Gott durch ein vorbildliches Leben das Heil erwerben. Es geht viel mehr darum, dass wir Licht für die Welt sind. Wer durch den Glauben Licht in die Welt bringt, darf hoffen, sich später über die Auferstehung freuen zu können. Amen.

Anmerkungen:

1) Henoch-Apokalypse, Kapitel 22. Ich folge der Darstellung von U. Wilckens, Auferstehung. GTB 80, 4. Auflage, Gütersloh 1988, Seite 86ff.

2) Auch das „weiß" ich nur durch mündliche Wiedergabe eines hier nicht abgedruckten Zitats, das uns Peter Bukowski beim Besuch der Pfarrkonferenz im Kirchenkreis Schwelm überlieferte.

„Ist der Himmel in der fünften Dimension?[1)] -
Wo ist das Jenseits im Zeitalter der Relativitätstheorie?“
Apostelgeschichte 1,11
An Ostern, Himmelfahrt oder Ewigkeitssonntag zu halten

Liebe Gemeinde,

seitdem man herausgefunden hat, dass die Erde rund ist und klein und unbedeutend im Weltall ist das Drei-Etagengebäude eigentlich zusammengebrochen. Die Hölle ist nicht mehr unten, selbst wenn es im Innersten der Erde heiß sein sollte.[2)] Der Himmel ist nicht mehr oben, zumindest in „Down under“ nicht. Was in Australien oben ist, wäre bei uns unten. Die Vorstellung aber hält sich lang in den Köpfen, weil es keine Alternative zu geben scheint: Wie stelle ich mir den Himmel vor? Bei Kindern ist Gott noch oben und hat einen langen Bart. In den Köpfen der Erwachsenen ist die Vorstellung von Gott im Himmel noch präsent, vielleicht gibt es doch ein kollektives Unbewusstes mit archaischen Bildern, was, wenn ich es recht verstanden habe, dem Ansatz von C.G. Jung entsprechen würde.[3)] Das Bewusstsein ist radikaler als das Unterbewusstsein mit seinen tief in uns angelegten Bildern. Im Bewusstsein ist bereits gelöscht, was im Unterbewusstsein noch einen unbeweglichen Nachhall hat, wie ein Standbild auf dem gerade ausgeschalteten Bildschirm. Das Bewusstsein ist radikaler als das Unterbewusstsein, der Realismus ist härter als die Ästhetik. Auch die Theologie war namentlich durch Bultmann und seine Schüler radikaler an der Realität orientiert als etwa die Literatur. Für Bultmann war schon in den 1940er-Jahren in seinem berühmten Entmythologisierungsaufsatz klar: „Man kann nicht elektrisches Licht und Radioapparat benutzen, in Krankheitsfällen moderne medizinische und klinische Mittel in Anspruch nehmen und gleichzeitig an die Geister- und Wunderwelt des Neuen Testaments glauben.“ [4)] Interessanterweise ist in meinem Kopf über Jahrzehnte hinweg aus dem „Radioapparat“ ein „Rasierapparat“ geworden. War das eine Freudsche Fehlleistung? Tatsächlich begegnete mir das Zitat erstmalig im spätpubertären Alter von etwa 15 Jahren.[5)] Die Pointe aber ist, dass Bultmann in der Tat dem alten Mann auf der Wolkenbank den Bart abgeschnitten hat, woraufhin seine Schüler ihm noch die letzten Bartstoppeln entfernen sollten - wobei die Wissenschaft seit jeher extrem scharf und trocken rasiert. Doch ist es mit dem Verschwinden der alten Bilder nicht im Geringsten gelungen, neue Bilder zu entwerfen, wie sich die Menschen das Jenseits vorstellen können. Umso mehr rettet sich die

mythische Welt in Bestseller der Literatur. Harry Potter zaubert, dass es nur so kracht. Und Diesseits und Jenseits, Tod und Auferstehung, Fleischwerdung Jesu und Himmelfahrt finden sich alle in Bildern des Kleinen Prinzen wieder. Er kommt aus einer anderen Welt auf die Erde und verschwindet am Ende wieder - wie Jesus. Richtig spannend wird es, als der Kleine Prinz die Erde wieder verlässt. Er bereitet seinen Freund, den Fuchs, auf den Abschied vor. „Es wird aussehen, als wäre ich tot, aber das wird nicht wahr sein"[6], sein Leib wird auf der Erde liegen bleiben „wie eine alte verlassene Hülle"[7]. Nicht umsonst wird in den Evangelien so betont, dass Jesus wirklich tot war und auch wirklich auferstanden ist, sodass man keinen Leib mehr auf Erden finden konnte.[8] Jeder Stern funkelt anders, weil die Menschen verschieden sind. Für Reisende sind die Sterne Führer, für Kaufleute Gold.[9] Paulus betonte, dass jedes Getreide, jeder Leib, jeder Himmelskörper bei der Auferstehung eine individuelle Gestalt hat (1. Korinther 15,39-41), damit die Individualität der Verstorbenen in der Auferstehung erhalten bleibt. Der Stern des Prinzen funkelt seinem Freund, dem Fuchs, noch in der Nacht am Himmel.
Mittlerweile liest man das Zitat „Wenn du bei Nacht den Himmel anschaust, wird es dir sein, als lachten alle Sterne, weil ich auf einem von ihnen wohne, ..."[10] häufiger über Traueranzeigen als klassische Bibelworte. Was ist geschehen? Die Theologie konnte ihre alten Bilder nicht wider besseres Wissen aufrecht erhalten. Auf diesem Nährboden sind Ketzerprozesse gegen Galilei und die spöttische Kritik von Gagarin, dem ersten Menschen, der im Weltall war, gewachsen. Gagarin bemerkte, dass er im Weltall war und Gott nicht gesehen hätte. Weil sich das alte Weltbild nicht mehr halten ließ, hat die Theologie versucht, sich naturwissenschaftliche Kategorien anzueignen. Neue Bilder hat sie nicht entwerfen können, damit sich die Menschen etwas vorstellen konnten. An Stelle des Himmels mit dem Thron Gottes und den Engeln thronte über der Welt fortan nur noch das nackte „Dass" Rudolf Bultmanns. Solange kein neues Bild zur Verfügung steht, passiert, was mit Fernseh- oder Computer-Bildschirmen geschieht, wenn man sie herunterfährt. Entweder sie werden schwarz und man sieht gar nichts mehr. Dann ist es, im übertragenen Sinne gesprochen, völlig dunkel, und es ist aus mit dem Himmel und der Auferstehung. Im günstigeren Fall wird das Bild nicht ganz schwarz, sondern es bleibt ein Standbild stehen, dass sich aber nicht mehr bewegt. Das ist dann so, als wenn wir die Bilder, die wir als Kinder hatten, nicht mehr mit unserem erwachsenen Weltbild in Einklang bekommen. Das Standbild bewegt sich nicht und wächst nicht mit unserem Horizont als Erwachsene. Der Kleine Prinz hingegen hat Narrenfreiheit. Von einem

Buch nimmt sowieso keiner an, dass die Handlung 1:1 real ist. Romanfiguren müssen genau so wenig wirklich leben wie Figuren aus dem Märchen. Deshalb ist es erlaubt, dass der Himmel im Kunstmärchen vom Kleinen Prinzen ähnlich weiterlebt, wie wir ihn kannten. In der Theologie hingegen, war es nicht mehr zeitgemäß, die Bilder der Bibel für real zu halten. Was man uns als Kirche als Kinderkram um die Ohren knallt, wird in anderer Form bei Harry Potter, im Asterixheft oder im Kleinen Prinzen gerne akzeptiert. Im Gegensatz zum wissenschaftlichen Aufsatz ist die Predigt wenigstens noch eine Form, in der beides erlaubt ist, sachliche Aufklärung und erhellende Bilder und Erzählungen. Es hat ja aber auch seine Berechtigung, nicht alles 1:1 aus der Bibel für wahr halten zu müssen. Die Erde ist nun einmal rund und keine Scheibe. Das Weltall ist nicht dreigeschossig. Dem Bergmann wird es unter Tage warm, aber er fährt nicht in die Hölle. Es hängen keine Sonne und kein Mond mehr vom Himmelszelt herab wie die beiden IKEA-Pendelleuchten von meiner Wohnzimmerdecke. Selbst der von mir geschätzte Klaus Berger, dessen Ansatz es ist, biblische Berichte bis zum Erweis des Gegenteils für wahr zu halten[11)], sieht das bei den apokalyptischen Bildern anders als bei den Erzähltexten und witzelt an einer Stelle über ein zu fundamentalistisches Verständnis biblischer Zukunfts-Bilder. „Nach einigen apokalyptischen Texten wird der Erzengel Michael mit der Posaune blasen, bevor die Auferstehung beginnt (1.Korinther 15,50) ... Wie muss und kann ich mir das vorstellen? Wird das Auftreten des Erzengels die Top-Nachricht in den Fernsehmeldungen? Wird man im Hintergrund des Erzengels den Reichstag oder die Pariser Oper sehen? Wer wird das Blasen für die Schwerhörigen übersetzen? ... Wenn er nachts kommt, wird er selbst leuchtend sein?“ [12)] Selbst Berger spricht von einem grundsätzlichem und weiträumigen Zerbrechen unserer Vorstellungen[13),] fordert ein Imaginationsverbot[14]), also ein Verbot, Zukunftserwartungen zu verbildlichen, und resümiert: „Wo Raum und Zeit nicht mehr sind, können wir uns überhaupt nichts mehr vorstellen.“ [15)] Diese ist für mich die aufschlussreichste Bemerkung. Ein Neuansatz kann nur jenseits der drei räumlichen und der vierten zeitlichen Dimensionen versucht werden. Mir scheint es seelsorgerlich geboten zu sein, nicht alle alten Bilder in den Köpfen auszulöschen, wenn man keine Neuen dafür anbieten kann. Dass dies nur Versuche sein können, weil wir ohnehin nicht in den Himmel schauen können, sondern nur wie durch einen Spiegel in einen dunklen Raum sehen, bevor wir im Reich Gottes im Vollbesitz der Erkenntnis sind (1. Korinther 13,12), weiß schon Paulus im Korintherbrief.

Woher aber Bilder nehmen und nicht stehlen? Die Popularität des Kleinen Prinzen, und dass seine Worte Menschen über Traueranzeigen mehr Trost zu geben scheinen als klassische Bibelzitate, zeigt, wie sehr wir Menschen eben doch auf bildliche Vorstellungen angewiesen sind, selbst wenn die Materie unseren Vorstellungshorizont überschreitet.
Noch einmal: „Wo Raum und Zeit nicht mehr sind, können wir uns überhaupt nichts mehr vorstellen ...“[15)] Ich erinnere mich plötzlich an eine Mathe-Leistungskursstunde, in der uns unser Lehrer Peter Grundmann erklärte, er habe etliche Semester Physik studiert, und mit den Dimensionen verhielte es sich in etwa so: Man stelle sich eine Figur vor, die in einer zweidimensionalen Welt lebt und die dritte Dimension nicht kennt. Eine solche wäre etwa eine Figur im Comicheft. Sie kennt nur links und rechts, vorne und hinten, und weiß nicht, dass oberhalb von ihr das Augenpaar eines Lesers auf sie blickt. Der Comic-Leser in der dritten Dimension ist nicht weit weg, und doch für die Comic-Figur unsichtbar und nicht existent. Ich beginne meinen ersten Zwischengedanken: Könnte nicht Gott, da wir nur die vier Dimensionen von Raum und Zeit wahrnehmen können, in der fünften Dimension sein? Die theoretische Physik soll die Existenz von bis zu elf Dimensionen errechnet haben. Man muss nur eine Analogie vom Comicheft zur elfdimensionalen Welt ziehen. Der Comicheld befindet sich an der Schwelle von der zweiten zur dritten Dimension. Er kann die dritte Dimension, die gar nicht weit weg ist, nicht wahrnehmen. Wie ist es mit uns, deren Wahrnehmung in unseren vier Dimensionen von Raum und Zeit gefangen ist? Könnte nicht der Himmel in fünfter Dimension uns so nah und doch unerreichbar sein wie der Comic-Figur ihr Leser in dritter Dimension? Das konnte ich wieder begreifen: Weil die Erdoberfläche nicht flach, sondern unmerklich in der dritten Dimension gekrümmt ist[16)], geht die Sonne am Horizont unter. Auf der Suche nach neuen Bildern für den Himmel wurde ich ausgerechnet bei Jean-Paul Sartre fündig. Ich erinnere mich an die Kinoverfilmung von „Das Spiel ist aus“[17).] Durch einen Irrtum ist ein Liebespaar, das eigentlich füreinander bestimmt war, sich auf der Erde nicht begegnet. Die Verstorbenen erscheinen vor einer Art Gericht und bekommen eine zweite Chance auf der Erde. Die Verstorbenen bekommen zunächst die Welt zur Ansicht. Sie wandeln in ihr zunächst als Geistwesen umher, ohne von den Lebenden gesehen zu werden. Wenn sie so wollen: In ihrer fünften Dimension sind unsere vier Dimensionen real und wahrnehmbar, aber nicht umgekehrt. Der Comicleser in der dritten Dimension sieht die zweidimensionale Mickey-Mouse. Die Mickey-Mouse sieht mich aber nicht. Könnte es sein, dass man von der fünften Dimension aus mühelos in

die anderen vier blicken kann, aber anders herum nicht? Ich frage mich nun, ob das nicht sowohl mittlerweile wissenschaftliche belegten Erkenntnissen von Nahtoderfahrungen, als auch biblischen Bildern sehr nahe kommt. Beinahe Verstorbene, die schon klinisch tot waren und reanimiert wurden, sehen sich oft außerhalb ihres Körpers, etwa unter der Decke des Operationssaales oder über der Unfallstelle schweben.[18)] Der auferstandene Jesus schreitet durch verschlossene Wände und Türen, doch der rational orientierte Jünger Thomas kann es nicht glauben, wenn er nicht Jesu unveränderlichen Kennzeichen sieht, die noch in seinem mittlerweile abgelaufenen grauen Bundespersonalausweis standen: Die Nägelmale an den Händen (Johannes 20,16). Könnte nicht der Gedanke an den auferstandenen und mittlerweile in den Himmel aufgestiegenen Jesus völlig neu belebt werden?
In der Bochumer Uni befand sich auf dem Theologenörtchen mit dem „H" wie „Himmel" an der Tür eine mit Edding an die Wand gemalte Karikatur. Es war ein Fernsehbild gezeichnet und am oberen Bildrand sah man ein Paar beschuhte Füße. Pardon, du unbekannter Künstler, du hast übersehen, dass die Bibel selbst schon mit der Entmythologisierung angefangen hat. In der Apostelgeschichte (1,11) lese ich nämlich, dass Jesus zunehmend vor ihren Augen verschwand, also, wie wir sagen würden, „immer weniger wurde", bis er sich in die Sphäre des Unsichtbaren auflöste. Und der Engel kritisiert die Jünger, die ein Loch in die Luft glotzen und meinen, dass sei der Himmel: „Was steht ihr da und schaut in den Himmel?"
Könnte die ungelöste Abendmahlsfrage, wie ich mir die Gegenwart Christi vorstellen soll, nicht eine ganz neue Dimension erfahren? Nicht so, dass er weit weg in der Beletage im Himmel sitzt, und wir nur eine Gedächtnisfeier halten. Aber eben auch nicht so katholisch, dass er nun 1:1 für uns in unseren vier Dimensionen räumlich greifbar und verzehrbar ist. In der fünften Dimension ist er zugleich unendlich nah und doch nicht wahrnehmbar. Er ist gegenwärtig in einer höheren Dimension, „in mit und unter uns"[19)] anwesend, aber anders, als wir es uns ausmalen könnten, jedenfalls zugleich unendlich nah, im Heiligen Geist sogar in unseren Herzen, und zugleich unsichtbar und für uns unerreichbar weit weg.[20)]
Auch in der Geschichte vom Berg der Verklärung (Mt. 17) wäre eine neue Erklärung möglich, wenn dort kurzfristig die vierte Dimension der Zeit „verrutscht" oder zur fünften Dimension Gottes hin verkrümmt gewesen wäre. Sowohl Elia und Mose aus der Vergangenheit erscheinen, als auch der zukünftige verklärte Christus, der schon an den Auferstandenen erinnert.[21)] Mit keinem Wort behaupte ich, dass dieser mein Versuch, unumstößlich die Wahrheit ist. Aber vielleicht kann man sich so als

naturwissenschaftlich denkender Mensch eher den Himmel und das ewige Leben vorstellen als in Bildern des Kleinen Prinzen. Ich habe jedenfalls mit zwei befreundeten Physikern telefoniert, ob diese Bilder überhaupt denkbar sein. Ich bekam kein „Nein“ zur Antwort, sondern nur ein „Da kann man nur tippen, und die Chancen stehen 50:50.“ Von außen, naturwissenschaftlich „objektiv“ betrachtet, steht es 50:50, ob es Gott und den Himmel gibt oder nicht. Die hundertprozentige Gewissheit gibt es immer nur „subjektiv“ aus dem Glauben heraus, vermittelt durch den Heiligen Geist. Ich sage nicht, dass alles so ist, wie ich es mir vorstelle. Aber eher naturwissenschaftlich denkenden Menschen wie mir hilft dieses Bild mehr als in einen leeren Himmel zu starren, um dort das nackte „Dass“ Bultmanns zu suchen. [22)] Schon damals hatte Gott Erbarmen mit den Jüngern und sandte ihnen einen Engel, damit sie kein Loch in die Luft guckten. Ansonsten wäre es geendet wie im Märchen. Und wenn sie nicht gestorben sind, dann glotzen sie noch heute. Weil ihnen aber der Engel half, sitzen wir heute hier in der Kirche. Amen.

Anmerkungen:

1) Kaum war die Predigt fertig, fand ich im Internet in englischer Sprache Gott in der zehnten Dimension wieder (www.thinkingthetenthdimension/blogspot.com). Schon der Prediger Salomo 1,2+9 bemerkte, dass alles ganz eitel sei und es nichts Neues unter der Sonne gäbe.

2) Vgl. Bultmann, R.; Jesus Christus und die Mythologie, Hamburg (Furche) 1964, 18

3) Jung, C.G., Die Archetypen, München (dtv) 2010 [16]

4) Bultmann, R. Neues Testament und Mythologie, In: Kerygma und Mythos I, S. 18, 136.

5) Zahrnt, H., Die Sache mit Gott, Die protestantische Theologie des 20. Jahrhunderts., München/Zürich (Piper), 1990[9], 239.

6) Saint-Exupéry, A. de, Der Kleine Prinz,, Düsseldorf (Rauch-Verlag) 2000 [9], 117

7) Ebd.

8) Selbstverständlich gibt es auch das Modell des Scheintods am Kreuz als altkirchliche Irrlehre, die Doketismus genannt wird. (Vgl. etwa Hägglund, B., Geschichte der Theologie, Berlin 1983, 17f.). Je besser bewacht das leere Grab geschildert wird, je mehr von Schweißtüchern erzählt wurde, je mehr Narben der Auferstandene vorzeigen musste, desto mehr hatten die Evangelisten versucht, genau gegen die im Grabe liegengebliebene Hülle Jesu anzukämpfen! Es ist eben nicht unsere christliche Vorstellung, dass sich die Seele nach dem Tode aus dem Leib löst. Dieses Bild stammt von Platon. Christlich ist im Sinne von 1. Kor. 15, Joh. 20+21, Lk. 24,13-35 usw. nur: Unser Leib wird in einen neuen Leib verwandelt werden, so wie der Auferstandene den Jüngerinnen und Jüngern auch im verwandelten Leib begegnet ist. Meist wird er nicht an seinem körperlichen Erscheinungsbild, sondern an bestimmten für ihn typischen Worten und Gesten erkannt. So bleibt auch von den Menschen das Wesen(tliche) erhalten, während sich das Äußere verändert.

9) Saint-Exupéry, a.a.O., 115f. 10) Ders., a.a.O., 116.
11) Berger, K., Jesus, München (Pattloch), 2007, S. 51: „Bis zum Erweis des Gegenteils sind die neutestamentlichen Berichte (im Sinne der Historiker) als historisch wahr anzunehmen."

12) Berger, K., Wie kommt das Ende der Welt? GTB 1455, Gütersloh 2002, 56.

13) Ders., a.a.O.., 56f.

14) Ders., a.a.O., 56.

15) Ders., a.a.O.., 55.

16) Zur Lektüre empfohlen: Hawking, S./ Mlodinow, L., Die kürzeste Geschichte der Zeit, Hamburg (Rowohlt) 2005, dort besonders das 6. Kapitel: „Gekrümmter Raum", Seite 48ff,

17) Sartre, J.P., Das Spiel ist aus (Original 1947), Hamburg (rororo) 1953. Verfilmung Jean Dellanoy (1947)

18) zu lesen bei Moody, R.A., Leben nach dem Tode, Hamburg (rororo), 2007, 49ff.

19) Nach der Leuenberger Konkordie, durch die 1975 die Abendmahlsgemeinschaft zwischen Lutheranern und Reformierten wiederhergestellt worden ist, ist er „ in, mit und unter Brot und Wein" gegenwärtig.

20) Auch bei K. Berger: Die Quelle siehe Zitat S. 120, Anm. 3 dieses Buches.

21) Berger, K., Jesus, München 2007 (Pattloch), 70, beschreibt die Verklärung Jesu als „Vorlauf dessen, was alle Christen erwartet." Gemeint haben kann er nur, was uns bei der Auferstehung erwartet. Noch besser im Sinne der „fünften Dimension" ist folgendes Zitat zur Verklärungsgeschichte:„Es ist aus meiner Sicht eine Erfahrung in Raum und Zeit, aber an deren Rande, mit Mitteln der Kausalität nicht zu erklären." (Berger, K., Jesus, München 2007, 70.)

22) Dietrich Bonhoeffers Kritik in den 1940er-Jahren (Nach Zahrnt, a.a.O. , Seite 148f.), dass wir Gott nicht mit dem Noch-Nicht-Erforschten gleichsetzen könnten, bis er in „Raumnot" käme, war sehr ernst zu nehmen. Freilich ahnte Bonhoeffer damals noch nichts davon, dass die Physiker einmal elf statt drei Dimensionen errechnen würden. Gott thront nicht mehr in der dritten Dimension über den Wolken, sondern kann in einer höheren Dimension zugleich ganz nah und doch für uns unerreichbar sein.

Predigt zum 60. Februar -
Ein Liberaler im Himmel, oder: Vom Ende eines Tages, der nie anfing

Liebe Gemeinde,

Wenn ein Mensch 40 000 Kilometer um den Äquator reist, müsste er sich wieder selbst begegnen, wie sich einst, einem Witz aus unbekannter Quelle zu Folge, der legendäre Hans-Dietrich Genscher selbst im Flugzeug begegnet sein soll. Somit also befand sich der „ virtuelle Genscher“ nicht nur dort, wo der „reale Genscher“ gerade lang flog, sondern zugleich war er 40000 km vor und 40000 km hinter sich selbst. Das ist so, weil die in unserer Anschauung und im Atlas nur zweidimensionale Erdoberfläche in Wahrheit auf der Erdkugel in die dritte Dimension hinein gekrümmt ist. Die Abbildung auf der Karte ist flach. Die Erde ist aber in Wirklichkeit eine dreidimensionale Kugel. Der Raumgewinn nach 40000 Kilometern Flug „geradeaus“ ist gleich Null, weil „geradeaus“ nicht „gerade“-aus ist, sondern ein 40000 km weit geschwungener Bogen.
Übertrüge man das auf die vierte Dimension der Zeit, dann entspräche eine Umdrehung der Erde um die eigene Achse genau einem Tag Zeit. Also ist das reale „Heute“ zugleich auch das virtuelle „Morgen“ und das gewesene „Gestern“. Ich kam auf die Idee, als ich mich zwei Stunden vor Beginn meines 34. Geburtstag in Frankfurt in ein Flugzeug in Richtung Australien gesetzt hatte. Wir flogen immer ostwärts. Dank der Zeitverschiebung dürfte ich die Stunde Null irgendwie „übersprungen“ haben. Mein Geburtstag fing einfach nicht an, aber er endete in Neuseeland pünktlich um Mitternacht mit Beginn des 13. Februar, als ich wieder Boden unter den Füßen hatte.
Noch toller war es bei Jules Vernes Helden, der gewettet hatte, dass er in achtzig Tagen einmal um die Welt reisen könnte.[1)] Auch er reiste immer der Sonne entgegen nach Osten. Für ihn ging 81mal die Sonne auf, und doch hatte er seine Wette, die Erde in 80 Tagen zu umsegeln, gewonnen.
Könnte diese Zeitverschiebung nicht erklären, warum Jesus vor 2000 Jahren, heute und in Ewigkeit der Gleiche ist? Auch sollte es nun klar sein, warum Mose und Elia aus der Vergangenheit kamen, um auf dem Berg der Verklärung (Mt.17) dem zukünftigen, schon auferstandenen Jesus zu begegnen. Die Zeit war für mich eine Dimension „höher“ genau so in sich gekrümmt wie der Äquator auf der Erdkugel. Wäre ein ähnlicher Effekt an der Schwelle von der vierten zur fünften Dimension nicht möglich?
Falls Sie mich bisher verstanden haben, so könnte dieses „Verstehen“ auf dem Effekt beruhen, den wir von Hans Christian Andersen her kennen („Des Kaisers neue Kleider“). Erwachsene „verstehen“ selbst dann noch etwas, wenn überhaupt nichts zu verstehen ist. Sie geben nicht gerne zu, dass sie etwas nicht verstanden haben. Kinder sind da ehrlicher und fragen, warum die Banane oder die Zeit im Universum „krumm“ ist.

Es folgt jetzt nämlich die Widerlegung: Das „Genscher - Phänomen" dürfte an der Heisenbergschen Unschärfe - Relation scheitern. Nach dieser kann von einem Teilchen immer nur entweder der Ort, an dem es sich befindet, oder seine Bewegung beschrieben werden. Deswegen ist der „dynamische Genscher" im Flug nicht mehr da, wo der „statische Genscher" gerade noch gewesen ist. Die Gleichzeitigkeit, in der sich Genscher im Flugzeug selbst begegnet ist, gibt es also nur in unserem Kopf.
Der Jules - Verne - Effekt wiederum funktioniert nur, weil „die Tage" von Jules Verne immer etwas kürzer waren als die Tage an seinem Ausgangsort. Aber auch die Zeit von Jules Verne lief damit nicht rückwärts. Warum aber soll man solche und ähnliche Fantasien der Zeitverschiebung aber ganz den modernen Märchenschreibern überlassen, selbst wenn sie vom zu Recht berühmten Steven Spielberg stammen („Zurück in die Zukunft")?
Übrigens ist der 60. Februar, die Schaltjahre einmal ausgenommen, rein rechnerisch der 1. April. Sie haben sich also gerade durch eine Predigt zum 1. April gekämpft, die ich nie wirklich gehalten habe. Hätten Sie das nicht sofort durchschaut, wenn ich statt vom 60. Februar vom 32. März gesprochen hätte? In den noch folgenden Texten bleibt Ihnen dies erspart. Das verspreche ich Ihnen. Amen.

P.S. Dagegen halte ich an der Möglichkeit, Gott in der fünften oder einer anderen höheren Dimension zu denken, sehr ernsthaft fest. Es ist und bleibt jedoch „nur" eine Vorstellung, aber immerhin. Die ganze Realität sehen und verstehen wir nach Worten der Bibel sowieso erst am Ende der Zeit (1. Korinther 13,12).

Anmerkungen

1) Verne, J:; In 80 Tagen um die Welt. München 2011[4].

Gipfelgespräche - Andacht in der Wochenzeitung WAP im April 2008 (zum G 8- Gipfel in Heiligendamm an der Ostsee)

In diesem Sommer erlebten wir den G-8 Gipfel und den Gegengipfel. Kannte man früher nur einen Rockzipfel, so gab es gleich zwei Rockgipfel, veranstaltet durch Bob Geldof und Al Gore. Es folgten der EU-Gipfel, der Energiegipfel, der Klimagipfel und der Integrationsgipfel. Zu dieser galoppierenden Gipfelinflation gehört auch, dass Ihr allmorgendlicher Plausch beim Bäcker heimlich zum Brötchengipfel und das gefürchtete Treppenhausgezeter um den Flurputz zum Schmierseifengipfel wurden. Wie sinnentstellt dieses Modewort mittlerweile ist, sieht man daran, dass der höchste Gipfel dieses Jahres nicht der K2, sondern der G 8 war. Deswegen fand dieser nicht in 8000 Metern Höhe auf dem Dach des Himalaya statt, sondern auf Nullniveau. Um Missverständnisse von vornherein auszuschließen: Mit dem Nullniveau meine ich den Meeresspiegel der deutschen Ostsee.
Nun gibt es sogar in der Bibel Gipfelgespräche. Sie zeigten, um ein zweites Modewort zu nennen, „nachhaltigere" Wirkungen als menschliche Gipfel. Gott überreichte dem Mose auf dem Berg Sinai die Zehn Gebote. Als sich Jesus auf einem anderen Berg von den Jüngern verabschiedete, globalisierte er zum Abschied den Glauben an den Gott Israels. Er befahl den ersten Christen, alle Völker zu Jüngern zu machen.
Sowohl die Zehn Gebote als auch die Weltkirche haben einen hohen Nachhaltigkeitsfaktor erreicht: Sie bestehen 2000 Jahre oder mehr. So gefährlich dieser Satz ist, weil er nicht demokratisch ist: Man kann an der Langzeitwirkung sehen, was passiert, wenn erstens einer das Sagen hat, der zweitens wirklich etwas zu sagen hat. Gerade das fehlende Zusammentreffen beider Faktoren ist ja in menschlichen Strukturen das Problem. In der Anarchie hat jeder das Sagen und in der Hierarchie immer der Falsche. Deshalb nannte Churchill die Demokratie das geringste Übel, freilich um den Preis der zahllosen Gipfel. Ohne lange Debatten wurden die Zehn Gebote einfach so von oben diktiert. Was wäre wohl unter Politiker(inne)n daraus geworden? Es gäbe Grenzwerte für die weiterhin tolerierten Verstöße gegen die Gebote. Diese wären für jedes Volk mit der Quadratwurzel[1)] der Kopfzahl der Bevölkerung limitiert worden. Die Braven hätten ihre Rechte mit Emissionsscheinen an die Großsünder weiterverkaufen können. Es wäre ferner eine Übergangsfrist für die Inkraftsetzung bis zum Weltuntergang vereinbart worden, so ähnlich wie beim CO_2 - Ausstoß. Die käuflichen Sündenemissionsscheine sind dann übrigens doch noch durch die Hintertür eingeführt worden. Das Produkt

trug den Markennamen „Ablass". Weil es aber nicht von Gott, sondern von dubiosen Zwischenhändlern stammte, waren diese Papiere hochspekualtive Optionsscheine. Eine sichere Bank hingegen ist, dass uns einer am Kreuz die Sündenemissionen abgekauft hat. Der von oben her diktierte alte Gipfelvertrag war wohl nicht beiderseits ratifiziert worden. Es musste ein Neuer her: Man sprach vom Alten und von Neuen Bund. Und der Neue Bund setzt um, worüber zahlreiche G 8-Gipfel erst noch reden werden: Einen weltweiten Schuldenerlass. Sie hörten das Deutsche Fernsehen mit der Tagesschau. Ganz zuletzt ging es um die Gute Nachricht.

Anmerkung: 1) Schlüssel der EU zur Sitzverteilung im Europaparlament

„Was Gott zusammengefügt hat, das soll der Mensch nicht scheiden“ (Markus 10,9)
- WAP-Andacht zur ökumenischen Abendmahlsgemeinschaft Juni 2010 - im Monat des Zweiten Ökumenischen Kirchentages

Diesem Satz würde in der römischen Kirche kein Offizieller widersprechen. Strenger als bei uns Evangelischen wird dieses Jesus-Wort in der katholischen Kirche genommen. Es ist dort nicht möglich, ein zweites Mal kirchlich zu heiraten, wenn man geschieden ist, solange der/die Partner(in) noch lebt. In der evangelischen Kirche geht das in Ausnahmefällen. Wenngleich ich mitunter seelsorgerlich freier entscheide, habe ich großen Respekt vor der konsequenten katholischen Haltung. Sie ist biblisch begründet und die Bibel hat in der evangelischen Kirche höchste Autorität. Und trotzdem erkenne ich einen abgrundtiefen Widerspruch. Niemand anders als Christus selbst hat alle, die an ihn glauben, zu einer Tischgemeinschaft beim Abendmahl eingeladen. Ein gemeinsames Abendmahl der Evangelischen und Katholischen ist aber offiziell dennoch nicht möglich. Wie lautete das noch einmal? „Was Gott zusammengefügt hat, das soll der Mensch nicht scheiden.“ Dürfen Menschen - und sei es in Kirchlichen Ämtern - eben doch scheiden, was Gott zusammengefügt hat?

Nun ist es ja immer so eine Sache, Zitate aus dem Zusammenhang zu reißen. Jesus bezog sich im Zitat eindeutig auf die Ehe und nicht auf das Abendmahl. Das sei redlicherweise zugegeben. Aber genauso muss gesagt werden: Gerade konfessionsverschiedene Paare leiden am meisten darunter, dass Kirchenleitungen trennen, was Jesus zusammengefügt hat. Könnte es sein, dass es beide Male die gleichen Hardliner sind, die erst die Unauflöslichkeit der Ehe verteidigen und dann die Trennung der Eheleute beim Abendmahl selbst herbeiführen?

Auf dem Ökumenischen Kirchentag in München ist eine Resolution verfasst worden, zumindest bei konfessionsverschiedenen Ehen mit einer Lockerung der Abendmahlspraxis zu beginnen. Ob man wohl dieses „Wagnis“ eingeht - selbst auf die Gefahr hin, dass „alle Dämme brechen“ - und dies in eine umfassendere ökumenische Abendmahlsgemeinschaft „ausufert“? Schon einmal hat der Heilige Geist Menschen aus verschiedenen Kulturen mit weit größeren Unterschieden zu einer Kirche zusammengeführt. Er wird von Nöten sein, damit sich etwas bewegt. Und wenn er vor der Tür steht: Sollen wir ihn hereinlassen?

„Sollte Gott gesagt haben?“ - Vom Naschen am Baum der Erkenntnis Andacht über 1. Mose 3,1-5 in der Wochenzeitung am 16.3.2011 Fünf Tage nach „ Fukushima“

Ich bin noch im wissenschafts - und technikgläubigen zwanzigsten. Jahrhundert geboren. Ich wurde selbst im Konfirmandenunterricht mit der unfruchtbaren Frage konfrontiert, ob den alles so „stimmt“, wie es in der Bibel steht. Ob die Erde wirklich in sechs Tagen erschaffen worden ist, ob Adam und Eva wirklich gelebt haben, ob Maria wirklich Jungfrau war, als sie Jesus geboren hatte, und so weiter. Diese Gedanken haben nichts gebracht. „Wahrheit“ ist in der Bibel etwas Anderes, das zeigen uns unsere Tage. Biblische Erkenntnisse sind keine naturwissenschaftlichen Gesetze, sondern tiefe Menschenkenntnis. Egal, ob manche Wissenschaftler den Garten Eden im Iran vermuten, egal ob es mehr als einen Adam und eine Eva gab, ob sie schwarz oder weiß waren. Gott richtete das Verbot auf, nicht am Baum der Weisheit und Erkenntnis zu naschen, weil er wusste, dass die Menschen an den Früchten sterben würden. Egal, ob die Schlange sprechen konnte, sie war sehr klug. Die Schlange fragte wie eine neuzeitliche Theologin „Sollte Gott das wirklich so gesagt haben?“ Und sie sprach wie eine Atomphysikerin, als sie die Menschen verlockte, das Tabu zu brechen: „Ihr werdet gewiss nicht sterben.“ Fukushima ist ein deutliches Zeichen dafür, dass die 3000 Jahre alte Erzählung der Bibel doch „recht hatte“. Der Erzähler wusste, dass manche Erkenntnis dem Menschen nicht zum Nutzen, sondern zum Verhängnis werden würde. Selbst wenn der Mensch nicht einmal böse gewesen wäre, sondern nur absichtslos neugierig. Er kann die Finger nicht davon lassen und setzt alles um, was er „kann“, ohne die Folgen absehen zu können. „Ihr werdet gewiss nicht sterben, wir müssen die Technik nur noch sicherer machen.“ Es ist nachrangig, ob es diesen Baum im Garten Eden je gegeben hat, ob er Feigen oder Äpfel trug, ob er sich in Persien befand. Vorrangig ist: Die Bibel kennt den Menschen besser und hat eine andere Wahrheit parat. Gott setzte den Menschen nicht umsonst Grenzen zu dessen Schutz und Wohl. Es wäre besser gewesen, sie nie zu überschritten zu haben. Doch der Weg zurück ins Paradies der Unwissenheit und Unschuld ist irgendwie versperrt. „Das ist gewisslich wahr“, hätte Luther dazu gesagt. Eine Fortsetzung, dass es doch wieder einen Weg ins Paradies geben könnte, folgt frühestens in knapp sieben Wochen.[1)]

1) Das war eine Anspielung auf das Moratorium der Bundeskanzlerin Merkel, die für diesen Zeitraum die älteren Atomkraftwerke in Deutschland abschalten ließ, um Zeit für Untersuchungen zu gewinnen.

« Burnout-Prophylaxe -, Retirez un peu !' (Mk. 6,37b) »
Andacht auf der Pfarrkonferenz des Kirchenkreises Schwelm, September 2010.

I. Woher kommt bloß dieses Ideal vom nimmermüden und allzeit bereiten Pfarrer? Gewiss, es gibt Gleichnisse, die diese Tendenz verstärken:
1. Da ist etwa der Freund, der mitten in der Nacht hinausgeklingelt wird, weil sein Nachbar Hunger auf eine Eierspeise hat. Doch genauer: Es geht natürlich nicht darum, allezeit bereit zu sein, und der andere im Gleichnis auch kein Mensch, sondern Gott. Es geht um die Beharrlichkeit im Gebet. Da sind die Stellen, die mit dem Schlaf zur falschen Zeit zu tun haben. Fünf Jungfrauen und drei Jünger in Gethsemane verschlafen das Entscheidende.[1)] Und der Tag des Herrn kommt doch sowieso wie ein Dieb in der Nacht. Wer kann da noch zur Ruhe kommen? Genauer betrachtet geht es auch da um etwas Anderes, nämlich darum, die Hoffnung nicht aufzugeben (Jungfrauen, Dieb) und in der Motivation nicht nachzulassen, was wiederum ein Burnout-Thema ist, als darum, allezeit bereit zu sein, Und den Jüngern in Gethsemane fehlte der Blick für das Besondere des Moments. Das heißt aber auch nicht allezeit wachsam sein, sondern gerade jetzt in dieser Nacht.
3. Vielleicht ist es auch das Hirten - Ideal einer bäuerlich geprägten Welt, das noch nachhallt. Das Vieh hat zwar für die täglichen Geschäfte seine innere Uhr, aber nur wenn es gesund ist. Doch wenn irgendetwas nicht stimmt, ist der Landwirt oder der Tierarzt auch zu ungewöhnlicher Zeit gefordert, und die Tiere fasten am Sonntag auch nicht.
II. Bevor ich mich weiter auf die immer noch mühselige Suche mache, woher denn dieses hohe Ideal kommt, das geradezu narzisstisch ist, weil der Pfarrer die Allgegenwart Gottes verkörpert, suche ich nach Spuren der „Entschleunigung“ in der Bibel (ein Stichwort, das mir mein Mentor in der Klinischen Seelsorgeausbildung ans Herz legte.).
Wer meint, der Begriff „Burn-Out“ sei so neu, dass das Thema nicht in der Bibel vorkäme, der irrt. Hermann Gerland sagte einmal über seine Spieler: „Die haben doch heute Verletzungen, die gab es bei uns damals nicht“.[2)]
Aber der Burnout hatte wohl nur andere Namen gehabt. Eine Bekannte von mir wurde im Examen plötzlich wegen „psychosomatischer Erschöpfungserscheinungen“ krank geschrieben.
1) Zurück zur Bibel: Da ist der Prophet Elia, der Übernatürliches vollbracht hat, als er mit Gottes Hilfe erst Feuer und dann mitten in der Wüste Wasser vom Himmel regnen ließ. Für einen Augenblick schienen seine Feinde wie paralysiert. Er war der Herr des Geschehens. Doch nur kurze Zeit später

bekam er zu spüren, dass Menschen sich nicht ändern oder nachhaltig überzeugen lassen. Er zog sich lebensmüde zurück in die Wüste. Die Seelsorge treibt Gott selbst, der einen Engel schickte mit den simplen Worten „Steh auf und iss!“ (1. Könige 19,5). Ausruhen unter einem Wachholder, aufstehen und essen - die Wiederherstellung der elementarsten Grundbedürfnisse kann ein Thema sein, wenn man ganz am Boden liegt.

2) Das Wort „Burnout“ gab es zwar noch nicht in der Bibel, aber es gibt durchaus wichtige Texte gegen den Burnout.

2 a) Ein scheinbar unbedeutender Nebensatz in der szenischen Rahmung der Speisung der 5000 wurde einmal für mich zu einer Art Mantra, das sich ständig im inneren Ohr wiederholte, ein Satz aus einer Predigt, der hängen blieb. Gestresst von Examensvorbereitungen machte ich mit einem Leidensgenossen ein wenig Urlaub in Frankreich. Wir besuchten dort einen reformierten Gottesdienst für Urlauber.

Der Pfarrer legte in einfachstem Französisch, denn seine Hörer waren meist Holländer und Deutsche, das Gleichnis aus. Das heißt: Ich weiß gar nicht mehr, ob er noch zur Auslegung des Gleichnisses gekommen ist, denn er hielt sich an einem Satz ganz zu Anfang des Textes auf und wiederholte den etwa zwölfmal. Die Jünger kamen von einer anstrengenden Mission und Jesus gebot ihnen, sich etwas zurückzuziehen. Das Mantra lautete:„Retirez un peu!“,[3] bei Luther „Ruht euch ein wenig aus“. Das war Evangelium pur in meiner Urlaubs- und Examenssituation.

2 b) Jesus selbst war auch nicht unermüdlich und zog sich zurück, wenn es ihm zuviel wurde und sammelte Kräfte. Vor dem Dienstantritt tat er es 40 Tage in der Wüste. Zwischendurch auch ließ er die Jünger schon einmal allein über den See fahren, weil er beim Beten in der Einsamkeit Kräfte sammelte, und holte auf dem Seeweg das Boot wieder ein, Aber wer ist schon Jesus gegen einen westfälischen Pfarrer?

2 c) Und dann gibt es noch die Geschichte von der anderen Bootfahrt. Das Boot geriet in höchste Seenot im Sturm, die Jünger fürchteten um ihr Leben, und Jesus schlief. Diese Gelassenheit, mitten im Sturm nicht auf die Kommandobrücke oder ans Ruder zu gehen, und an Stelle einer Rettungsweste einen Schlafanzug anzuhaben, die wünsche ich mir.

Es soll Kollegen geben, die bei jeder Windstärke und vor allem bei jedem Lärmpegel auf Konfirmandenfahrten geschlafen haben, während ihre ehrenamtlichen Mitarbeiter die Seenot oder auch nur den Sturm im Wasserglas zu spüren bekamen. Gerade noch deutete ich die Pro-Burnout-Gleichnisse um, indem ich konsequent auf deren eigentliche Aussage guckte und nun halte ich mich bei scheinbaren Nebenthemen auf.

Im Detail, im szenischen Rahmen, fast beiläufig, aber steht oft in der Bibel, dass Jesus eben nicht unverwüstlich war, sondern sich die Kraft für Übernatürliches in der Ruhe holte. Nehmen wir noch einmal die Geschichte von Gethsemane: Jesus verhält sich nicht passiv in Todesangst, er verdängt auch nicht, er betet um Kraft!

3) Aber wenn es nun Details waren, mit denen ich mich aufgehalten habe, dann kommen wir doch zum Wesentlichen, zur Mitte des Alten und zur Mitte des Neuen Testaments.

3 a) Wenn ich mich recht entsinne, dann nimmt der Auszug aus Ägypten, und nehmen die auf diesem Weg erteilten Zehn Gebote, nicht gerade eine Randstellung im Alten Testament ein. Was heißt es aber, wenn Gott sein Volk vor der physischen Vernichtung durch Arbeit bewahrt? Was heißt es, wenn das Volk in Freiheit angekommen ist, und in Erinnerung an die selbst erlittene Sklaverei soll dem Sklaven und dem Vieh einen freien Tag gewähren soll? Das Feiertagsgebot wird genau so sozial begründet (5. Mose 5,15). Das Thema „Burnout" nimmt eine viel größere Stellung im Alten Testament ein, als wir nach erstem Augenschein meinen! Die zentrale Erfahrung des Alten Testaments und des Judentums ist die Burnout-Prophylaxe Gottes! Das ist etwas Anderes als die Randnotiz eines Gleichnisses „Retirez un peu."

3 b) Zugegeben, manchmal übertreiben es die Typen, die auf einen zukommen, und sagen „Gerade du brauchst Jesus!". Aber gerade diese Botschaft - „Gerade du brauchst Jesus! Das Evangelium gilt auch Dir." sollte man zuerst uns evangelischen Pfarrern sagen.

Es gibt einen theoretischen und einen praktischen Atheismus. Der Theoretiker bekennt mit Worten, dass es Gott gibt oder auch nicht, je nachdem ob er an Gott glaubt oder nicht. Der Praktiker aber lebt entweder so, als gäbe es Gott, oder anders, als gäbe es ihn eben nicht. Es ist eine Form des praktischen Atheismus, wenn ich so lebe, als gäbe es keinen Gott. Eine andere Form des praktischen Atheismus ist es, so zu leben, als müsste man alles allein machen.

Konkreter: Nicht nur das Alte, auch das Neue Testament hat ja ein Zentralthema. Und evangelischerseits sagt man, dies sei die Erkenntnis, dass der Mensch nicht durch Werke vor Gott gerecht werden könne.

Man kann sich das Heil nicht erarbeiten, sondern man muss es aus Gnade geschenkt bekommen. Das gilt auch für Pfarrerinnen und Pfarrer! „Gerade du brauchst Jesus", damit du nicht alles allein machen musst! Der Erlöser der Welt bist nicht du, sondern ist Jesus. Retirez un peu! Auch das muss einem doch erst einmal gesagt werden.

Und unser Wochenspruch lautet „Alle eure Sorgen werft auf ihn, denn er sorgt für euch!“ Auch das ist Burnout-Prophylaxe im Neuen Testament. Wie wir an der Befreiung von der Sklaverei im Alten Testament und an de Rechtfertigung allein aus Gnade, allein aus Glauben, allein durch Christus im Neuen Testament sehen, ist Burnout-Prophylaxe kein Randthema der Bibel, sondern steht im Zentrum. Also „Retirez un peu!“

4) Noch eine kurze Notiz möchte ich als Nachwort anfügen. Ich habe einmal unter „Pfarrer + Burnout“ im Internet „gegoogelt“. Da taucht irgendwann ein Interview mit einem Kollegen auf, den es erwischt hat, und der sich für einige Zeit in das berühmte Kloster Münsterschwarzach zurückgezogen hat, wo auch Anselm Grün weilt. Als man ihn fragte, was sich für ihn im Nachhinein geändert habe, antwortete er: Ich beginne den Tag jetzt nicht mehr mit einem Blick in meine E-Mails und in den Computer, sondern mit Stille und mit einem Gebet. Eigentlich simpel, denn die ersten Gedanken morgens, ob positiv oder negativ, können schon für den Tag entscheidend sein. Der Depressive schafft den Anfang nicht vor lauter Dingen, vor denen ihm graut. Der positiv Gestimmte beginnt das Tagwerk zuversichtlich. Simpel, aber so simpel, dass es einem erst einmal gesagt werden muss, war dieser Satz des Kollegen, den Tag mit Gebet anzufangen. Luther soll gesagt haben, an Tagen, an denen er viel arbeiten müsse, müsse er viel beten. Die Spiritualität ist der Schutzschild vor dem Burnout. Das ist so simpel, aber gar nicht so leicht umzusetzen, wenn andere Dinge den Kopf anfüllen. Finden wir die Ruhe zum Gebet, um im Gebet Ruhe zu finden? Und um es an diesem Punkt zu wiederholen: „Gerade wir brauchen Jesus.“ Amen.[4)]

Anmerkungen:

1) Das ist der „Kairos“ aus meiner Predigt über Lukas 9,57-62. Normalerweise („Chronos“) ist es angesagt, nachts zu schlafen, aber eben nicht, wenn der Herr kommt.

2) Redelings, B.: Ein Tor würde dem Spiel gut tun. Das ultimative Buch von Fußball-Wahrheiten, Göttingen (Verlag „die Werkstatt“), 167. Der dort befindliche Zitatenschatz kann eine wertvolle Predigthilfe sein, zumal die schulische Allgemeinbildung den klassischen Zitatenschatz Goethes und Schillers sträflich vernachlässigt hat.

3) Vgl. Mk. 6,31b: „Geht ihr allein an eine einsame Stätte und **ruht ein wenig**.“

4) Es überrascht den geübten Leser dieses Buches nun vermutlich nicht mehr, dass es wieder um dringliche Dinge (Termine, chronos) und wirklich wichtige Dinge (Spiritualität, kairos) ging. Es wird Sie auch nicht überraschen, dass in der Woche vor der Drucklegung dieses Buches ein Angebot eines Seminars für Pfarrerinnen und Pfarrer der Westfälischen Landeskirche in mein Haus flatterte, in dem es genau um dieses Thema geht. Wird die Tagung gut besucht werden? Tagungen, mit denen man Ehrenamtlichen Gutes tun wollte, sind schon ausgefallen, weil alle „Wichtigeres" zu tun hatten und nicht noch einen Termin mehr wahrnehmen wollten. Vielleicht hat unser Freund aus der letzten Predigt, der Kleine Prinz doch Recht, wenn er sagte: „Man sieht nur mit dem Herzen gut. Das Wesentliche ist für die Augen unsichtbar." (Saint-Exupéry, a.a.O., 96). Ersetzen Sie „Das Wesentliche" durch das „Wichtige"! Und weitere Weisheiten gibt er von sich: „Die Zeit, die du für deine Rose verloren hast, sie macht deine Rose so wichtig." (Ebendort, 97). Kommt Ihnen das irgendwie bekannt vor? Déjà vu? Oder: Déjá écouté? Warum muss der Kleine Prinz uns immer das sagen, was seit 2000 Jahren in der Bibel steht? Woher hat das kluge Kerlchen das nur? Vergleichen Sie Matthäus 10,39!

Mein Nachwort zum Buch :

Ein letzter Hinweis auf Prediger Salomo 12,12 sei erlaubt:
„Im übrigen mein Sohn, lasse dich warnen: Denn des Büchermachens ist kein Ende, und vieles Studieren ermüdet den Leib."

Au revoir. Je retire un peu. Es war mir ein Vergnügen, Ihnen predigen zu dürfen.

MIX
Papier aus verantwortungsvollen Quellen
Paper from responsible sources
FSC® C105338

Printed by Books on Demand GmbH, Norderstedt / Germany